Astronomie

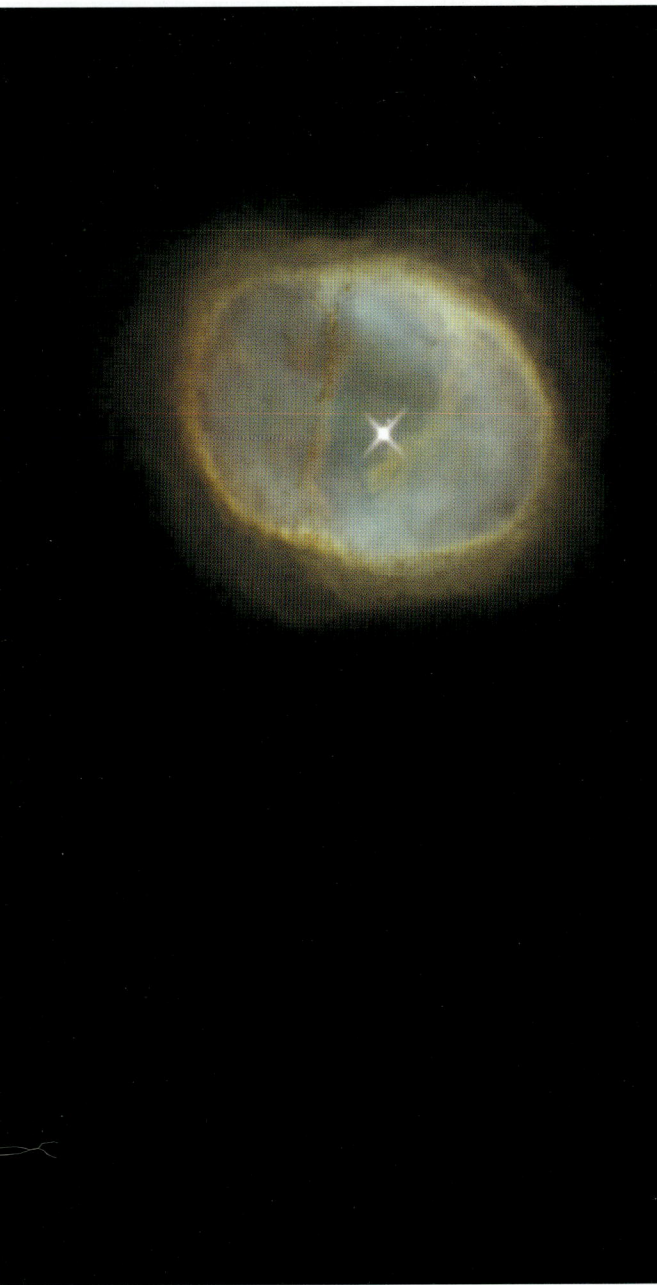

Astronomie

Jaroslav Soumar

Aus dem Tschechischen von
Ursula Macht

"Und du hast es selber bei den Sternbildern gesehen: Dieses dort ist ein Schwan. Doch ein anderer hätte dir dort eine liegende Frau gezeigt. Er kommt zu spät. Wir werden uns niemals mehr vom Schwan freimachen. Der erdachte Schwan lässt uns nicht mehr los."

*(Antoine de Saint-Exupéry,
Die Stadt in der Wüste)*

INHALT

Vorwort 8

Womit man den Nachthimmel beobachtet 9
   Beobachtung mit bloßem Auge 10
   Beobachtung mit dem Fernglas 11
   Beobachtung mit dem Fernrohr 12

Die erste Nacht unter Sternen 15
   Die Vorbereitung des Fernrohrs 16
   Hilfsmittel zur Orientierung unter den Sternen 17
   Wo beobachten wir die Sterne? 18
   Was nehmen wir mit? 19
   Der Nachthimmel 20
   Sternbilder 21

Sternobjekte 22
   Sterne 22
   Doppelsterne 25
   Offene Sternhaufen 26
   Kugelsternhaufen 27
   Nebel 28
   Planetarische Nebel 29
   Benachbarte Galaxien 30
   Unsere Galaxie 31

Sternkarten 32
   Frühling 33
   Sommer 34
   Herbst 35
   Winter 36
   Nordpol 37
      Tabellen der Sternobjekte 38
   Abends im Frühling 42
   Abends im Sommer 44
   Abends im Herbst 46
   Abends im Winter 48
   Morgens im Frühling 50
   Morgens im Sommer 52
   Morgens im Herbst 54
   Morgens im Winter 56

INHALT

Am Himmel gibt es nicht nur Sterne 58
  Planeten vom Typ der Erde 60
    Merkur 61
    Venus 62
    Erde 63
    Mars 64
  Große Gasplaneten 65
    Jupiter 66
    Saturn 67
    Uranus 68
    Neptun 69
  Tabelle der Planeten-Sichtbarkeit 70
  Weitere Himmelskörper im Sonnensystem 74
    Pluto 74
    Kometen 75
    Kleinplaneten (Asteroiden) 76
  Meteore 77
  Planeten anderer Sterne 78
  Der Mond 79
    Mondphasen 80
    Mondbeobachtung 81
  Die Sonne 82
    Sonnenbeobachtung 83
    Sonnenflecken 84
  Finsternisse 85
    Bobachtung von Finsternissen 86
  Weitere Erscheinungen am Himmel 87

Fotografie des Nachthimmels 89
  Fotografieren ohne Fernrohr 90
  Fotografieren mit Fernrohr 91

Wo finde ich weitere Informationen? 92
  Internet 92
  Bücher 92
  Zeitschriften, Sternwarten 93

Es gibt wohl kaum jemanden, den der Blick in den klaren Nachthimmel mit tausenden von Sternen kalt lässt. Außerhalb der Erde existiert noch eine andere Welt – eine Welt, die der Mensch nie ganz beherrschen, nur Schritt für Schritt erkennen kann. Aber es wäre ungenau, von einer anderen Welt zu sprechen – sind doch die Erde und wir Teile der einen, riesigen Welt, die wir das Universum nennen. Es ist zwar unmöglich, das ganze Weltall zu erkunden, aber wir können versuchen, die Gesetzmäßigkeiten zu erkennen, die diese Welt bewegen. Es scheint, als hätten die Menschen in früheren Zeiten ein größeres Bedürfnis verspürt, das Weltall zu begreifen, als wir heute – seien es nun die Griechen vor zweitausend, die Mesopotamier vor viertausend Jahren oder die Angehörigen einer anderen alten Zivilisation. Aber ist es gut, sich nur mit den Dingen zu befassen, mit denen wir täglich in Berührung kommen? Wollen wir nicht auch heute verstehen, was uns und unseren Planeten umgibt? Für alle, die so denken, ist dieses Buch über den Himmel und das Weltall gedacht.

WOMIT MAN DEN NACHTHIMMEL BEOBACHTET

Den größten Teil der Erkenntnisse über das Weltall vermittelt uns das vom Auge analysierte Licht. Doch auch wenn das Auge ein kompliziertes und leistungsfähiges Organ ist, reicht es den Astronomen nicht aus.

Zur Beobachtung weit entfernter, lichtschwacher Objekte werden gewaltige Fernrohre benötigt, die milliardenmal so viel Licht sammeln wie das Auge. Je größer die Linse des Fernrohrs, desto mehr Licht sammelt es. Die größten Fernrohre der Welt haben mehr als zehn Meter Durchmesser. Aber auch das reicht den Astronomen nicht aus. Selbst das größte Gerät wird auf der Erde nämlich durch die Atmosphäre behindert. Deshalb werden Fernrohre auch auf einer Umlaufbahn um die Erde stationiert, wo die Atmosphäre nicht mehr stört. Das bekannteste ist das kosmische Hubble-Teleskop, das seit 1990 das Weltall beobachtet. Obgleich es mit einem Objektivdurchmesser von 2,4 m nicht zu den Riesenfernrohren zählt, ermöglichte es die Beobachtung der ersten und letzten Entwicklungsphasen eines Sterns ebenso wie die sehr weit entfernter Gegenden des Weltalls.
Der Blick durchs Teleskop überwindet riesige Entfernungen. Wollte man sie in Kilometern ausdrücken, müsste man mit unvorstellbar großen Zahlen rechnen. Deshalb verwendet man in der Astronomie das Lichtjahr als Entfernungseinheit. Ein Lichtjahr ist die Strecke, die das Licht in einem Jahr zurücklegt. Ein Lichtjahr entspricht etwa zehn Billionen Kilometern.

WOMIT MAN DEN NACHTHIMMEL BEOBACHTET

BEOBACHTUNG MIT BLOSSEM AUGE

Auch ohne Fernrohr ist am Himmel viel Interessantes zu sehen. Auf Anhieb bietet sich dem menschlichen Auge der nächste Nachbar der Erde – der Mond – dar. Die Sonne dagegen kann man ohne Teleskop und Spezialfilter nicht so häufig sicher beobachten. Die fünf hellen Planeten (Merkur, Venus, Mars, Jupiter und Saturn) sind mit bloßem Auge zu sehen und lassen sich vor dem Hintergrund des Sternenhimmels gut verfolgen. Auch die Sternbilder sind ohne Fernrohr sichtbar. Von uns aus kann man 66 von insgesamt 88 wenigstens teilweise erkennen. Wir können Veränderliche verfolgen, die im Laufe von Stunden, Tagen oder Monaten ihre Helligkeit ändern. Einige Nebel, Sternhaufen oder Doppelsterne lassen sich ebenso ohne Hilfsmittel betrachten wie eine Galaxie. Bei ausreichender Dunkelheit ist auch das silbrige Band der Milchstraße zu sehen, die von Sternen unserer Galaxie gebildet wird.

Mit bloßem Auge kann man auch künstliche Erdtrabanten und Meteore beobachten. Von Zeit zu Zeit ist ein besonderes kosmisches Schauspiel zu bewundern: das Polarlicht. Feine Details eines Beobachtungsobjekts erkennen wir besser durch das so genannte periphere Sehen, wobei wir den empfindlicheren Teil unserer Netzhaut einsetzen.

Für die Orientierung am Himmel ist es unerlässlich, die Entfernung zwischen Sternen irgendwie auszudrücken. Sternenforscher benutzen zum Messen von Entfernungen am Himmel Winkeleinheiten: Himmelsgrad (°), Himmelsminute (') und Himmelssekunde (").

WOMIT MAN DEN NACHTHIMMEL BEOBACHTET

BEOBACHTUNG MIT DEM FERNGLAS

Ferngläser eignen sich nicht nur zur Beobachtung des Nachthimmels, sondern auch von Tieren in der Natur oder von Sportereignissen im Stadion. Ein gutes Fernglas mit hochwertiger Optik kostet nicht mehr als ein qualitativ eher schlechtes "astronomisches" Fernrohr. Bei manchen Beobachtungen greifen auch Besitzer eines großen Fernrohrs lieber zum Feldstecher. Das Verwackeln durch die zitternde Hand vermeiden wir, indem wir das Fernglas nicht selbst festhalten, sondern auf ein Stativ montieren. Für große Ferngläser ist es unverzichtbar.

Der Feldstecher ist ein Fernglas für beide Augen (deshalb nennt man es auch Binokular). Mit ihm lassen sich größere Gebilde auf der Oberfläche des Mondes, des Jupitermondes und vor allem Kometen, Nebel, Sternhaufen und Galaxien beobachten. Niemals jedoch darf man mit einem Fernglas ohne Spezialfilter die Sonne betrachten! Die Menge von konzentriertem Licht und Hitze ist selbst bei den kleinsten Ferngläsern so groß, dass sie die Sehkraft ernsthaft schädigen können.

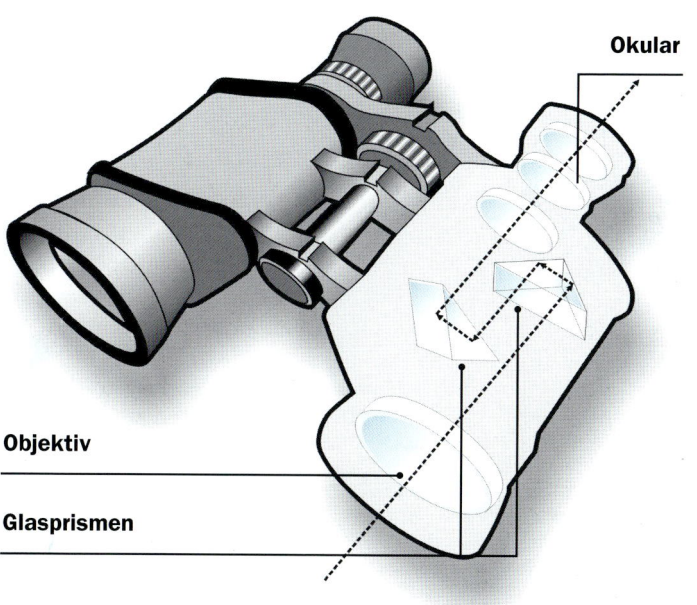

Okular

Objektiv

Glasprismen

BEOBACHTUNG MIT DEM FERNROHR

Mit dem Fernrohr oder Teleskop lässt ein beobachtetes Objekt näher heranholen. Das wird durch ein optisches System erreicht, das aus dem Objektiv (dem Spiegel oder einem System großer Linsen) und dem Okular (einem System kleiner Linsen) besteht. Mit der Optik des Fernrohrs lässt sich meist auch ein Fotoapparat verbinden.

Je größer sein Durchmesser, desto besser ist das Fernrohr, denn mit dem Durchmesser wächst die Lichtmenge, die das Gerät bündelt. Damit wachsen auch die Vergrößerung und die Auflösung, also die Fähigkeit des Fernrohrs, zwei dicht beieinander liegende Punkte getrennt voneinander abzubilden. Der Durchmesser großer Spiegelteleskope oder Reflektoren wird in Metern angegeben. Die größten Linsenfernrohre oder Refraktoren dagegen haben nie den Durchmesser von einem Meter überschritten – wäre er größer, würde sich die Linse des Objektivs verbiegen.

Eine weitere wichtige Angabe ist die Brennweite des Objektivs, d.h. die Entfernung, in der sich hinter dem Objektiv das Abbild des beobachteten Gegenstands formt. Bei hohen Vergrößerungen ist ein Stativ unerlässlich.

Wenn wir mit dem Fernrohr den sich drehenden Himmel leichter verfolgen wollen, wählen wir die parallaktische Montierung. Wird das Fernrohr vom Computer gesteuert oder möchten wir nicht zu viel Geld ausgeben, entscheiden wir uns für die azimutale Montierung.

Tubus, der die Optik des Fernrohrs enthält.

Die Montierung ermöglicht eine genaue Ausrichtung des Fernrohrs.

Die Fernbedienung ist nicht unbedingt notwendig, um das Fernrohr zu bewegen.

Stativ – einige Fernrohre haben an Stelle des Dreibeins eine feste Säule.

WOMIT MAN DEN NACHTHIMMEL BEOBACHTET

Seit Galileo Galilei vor 400 Jahren erstmals sein einfaches Teleskop auf den Mond und den Jupiter richtete, sind Fernrohre für die Astronomen unersetzlich geworden. Heute gibt es sie mit vielen verschiedenen optischen Systemen. Von den Linsenfernrohren wird in der Astronomie ausschließlich ein Typ eingesetzt, das so genannte Kepler-Teleskop. Für die Verfolgung von Zielen am Boden eignet es sich jedoch weniger, weil das Bild verkehrt herum steht. Zum Typ der Kepler-Fernrohre gehört auch der Feldstecher.

Spiegelteleskope werden in der Astronomie dagegen in großer Vielfalt verwendet. Ständig im Einsatz ist das Newton-Teleskop, bei dem das Bild des Hauptspiegels durch einen geneigten Spiegel zur Seite des Fernrohrs reflektiert wird, wo das Okular angebracht ist. Das Cassegrain-Teleskop hat einen mit einer Öffnung versehenen Hauptspiegel. Durch diese Öffnung wird das einfallende Licht mit einem Hilfsspiegel zurück auf den Hauptspiegel geleitet, bevor es das Okular erreicht. Vom Cassegrain-Teleskop gibt es viele Varianten. Für alle Fernrohre aber gilt: Die wichtigsten Angaben sind der Durchmesser und die Brennweite des Objektivs. Die Vergrößerung ist von diesen beiden Werten nur abgeleitet.

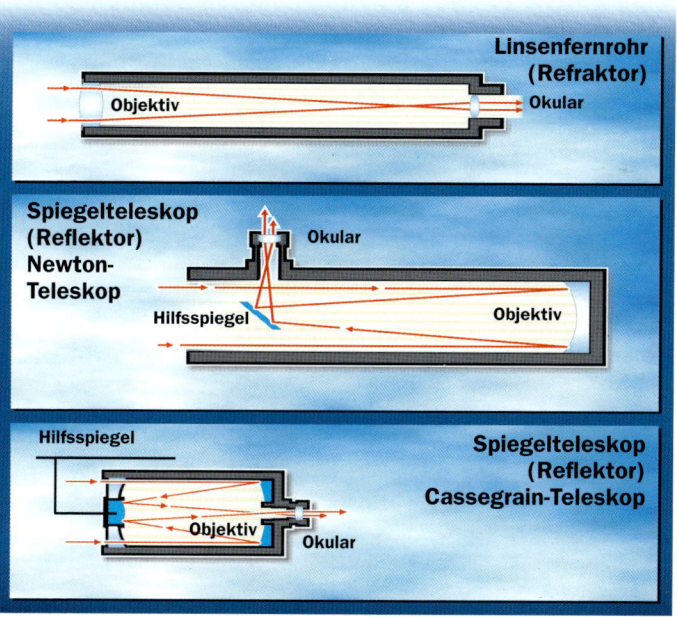

WOMIT MAN DEN NACHTHIMMEL BEOBACHTET

Für die direkte Beobachtung des Weltalls ist ein Fernrohr unerlässlich. Man kann zwar den Kosmos bereits mit Hilfe des Internets erkunden und auf dem Monitor verfolgen, was ein viele tausend Kilometer entferntes Fernrohr beobachtet. Das kann jedoch nicht das Erlebnis des unmittelbaren Anblicks der Sterne und Planeten durch ein Fernrohr ersetzen.

Ein astronomisches Fernrohr für Amateure ist allerdings sehr kostspielig. Deshalb empfiehlt es sich, vor dem Kauf jemanden zu Rate zu ziehen, der sich damit auskennt, zum Beispiel einen Fachverkäufer, den Mitarbeiter einer Volkssternwarte oder einen Amateur-Astronomen.

Wer sich kein Teleskop leisten kann oder will, kann zur nächsten Volkssternwarte gehen.

DIE ERSTE NACHT UNTER STERNEN

Es ist ganz leicht – man braucht nur hinauszugehen und den Sternenhimmel zu bewundern. Wer aber die Sternenwelt besser erkunden möchte, sollte überlegen, was er wie beobachten will.

Zunächst kann sich der angehende Beobachter des Nachthimmels anhand der Sternbilder orientieren. Sie sind in den Kapiteln ab Seite 42 aufgeführt, nach den Jahreszeiten gegliedert, in denen man die jeweiligen Sternbilder verfolgen kann. Wer zum ersten Mal den Sternenhimmel beobachtet, braucht die Sternbilder nicht genau so zu suchen, wie sie in den Karten eingezeichnet sind. Für den Anfänger ist der sternenübersäte Himmel eine wundervolle Inspirationsquelle. Versucht beim ersten Mal einfach nur, die Sterne zu Bildern zu verbinden, die euch die Phantasie eingibt. Das ist natürlicher und angenehmer, als von Anfang an festgelegte Sternbilder zu verfolgen.

Dabei ist zu bedenken, dass der Himmel im Sommer ganz anders aussieht als im Herbst oder im Winter. Darum kann man im Laufe eines Jahres mehrere solcher Beobachtungsabende einlegen. Und mit der Zeit findet man dann auch das tatsächliche Sternbild am Himmel. Manchmal stimmen Sternbilder, die man sich ausgedacht hat, mit den richtigen überein – auch diese sind die Frucht menschlicher Phantasie.

DIE ERSTE NACHT UNTER STERNEN

DIE VORBEREITUNG DES FERNROHRS

Wenn das Fernrohr zusammengebaut ist, sollte man sich vergewissern, dass das Rohr und das Dreibein fest montiert sind. Dann wird der Sucher parallel zum Fernrohr eingerichtet. Bei der Azimut-Montierung genügt es, das Teleskop einfach am Beobachtungsplatz aufzustellen. Bei der parallaktischen Montierung muss die polare Achse genau auf den Himmelsnordpol ausgerichtet sein. Je sorgfältiger das Fernrohr ausgerichtet wird, desto länger lässt sich das ausgewählte Objekt verfolgen.
Wir beginnen die Beobachtung mit dem Okular mit der längsten Brennweite, also der geringsten Vergrößerung. Damit lässt sich der größtmögliche Ausschnitt des Himmels beobachten. In den ersten Nächten am Fernrohr widmet man sich besser einem leicht auffindbaren Objekt, etwa dem Mond oder einem hellen Planeten. Mit wachsender Erfahrung können wir uns dann auch lichtschwächeren Sternen zuwenden. Die Pünktchen auf der Karte auf die Sterne am Himmel zu übertragen erfordert ein wenig Übung.
Nicht die Vergrößerung ist der Hauptparameter eines Fernrohrs, sondern sein Durchmesser. Mit wachsender Vergrößerung wird nicht nur das verfolgte Objekt größer, sondern auch die von der Luft hervorgerufene Vibration. Und es wird immer schwieriger, das Fernrohr fest auf das Objekt zu richten. Besonders der Luftstrom verwischt bei hohen Vergrößerungen das Bild, sodass man die Einzelheiten nicht mehr unterscheiden kann.

Das Fernrohr lässt sich mit weiterem Zubehör ergänzen. Am wichtigsten sind jedoch die Montierung und einige Okulare mit unterschiedlichen Vergrößerungen.

HILFSMITTEL ZUR ORIENTIERUNG UNTER DEN STERNEN

Was sollte der Beobachter zur Hand haben? Ein hervorragendes Hilfsmittel für die leichte Orientierung ist eine drehbare Himmelskarte. Sie besteht aus zwei gegeneinander drehbaren Scheiben mit einer einfachen Karte des Himmels auf der unteren Scheibe, von der jeweils ein Teil im Ausschnitt der oberen Scheibe verfolgt wird. Der Ausschnitt und die Himmelskarte werden so gegeneinander gedreht, dass unter dem Datum auf der Karte die Tageszeit erscheint, zu der wir den Himmel beobachten wollen. Im Ausschnitt erscheint dann der zugehörige Teil des Himmels mit den sichtbaren Sternbildern. Ein solches Hilfsmittel bekommt man bei den Sternwarten und Planetarien.

Zur genaueren Orientierung am Himmel – etwa bei der Suche nach schwächeren Objekten – reichen die einfachen Karten in diesem Führer nicht aus. Dann muss man zu plakatgroßen Sternkarten oder zu einem Himmelsatlas greifen.

Eine weitere sehr nützliche Publikation ist das Astronomische Jahrbuch, ein Buch mit den Planetenpositionen, den Zeiten verschiedener astronomischer Erscheinungen oder Angaben zur Sichtbarkeit von Kleinplaneten, Kometen, Meteoren u. Ä. Deutschsprachige Astronomische Jahrbücher erscheinen seit Ende des 18. Jahrhunderts jedes Jahr neu und sind auch bei kleinerem Geldbeutel erschwinglich. Außerdem gibt es zahlreiche Spezialkarten, zum Beispiel solche, die auf die Bedürfnisse der Beobachter von Veränderlichen oder Meteoren zugeschnitten sind. Ausführliche Himmelsatlanten sind bei der Suche nach Kleinplaneten oder Kometen nützlich.

Bücher und Karten nutzen sich im Gelände schneller ab, als wenn wir sie vorsichtig zu Hause oder in der Bibliothek durchblättern. Einige Beobachter lassen sich deshalb wichtige Atlanten Blatt für Blatt laminieren oder machen sich Kopien davon. Keinesfalls dürfen wir vergessen, dass wir zum Lesen der Karten im Gelände das gedämpfte Licht einer Taschenlampe mit (möglichst rotem) Filter brauchen.

DIE ERSTE NACHT UNTER STERNEN

WO BEOBACHTEN WIR DIE STERNE?

Die Sterne kann man von fast jedem Ort aus sehen. Nur wo der Himmel von Straßenlaternen oder anderen Lichtern überstrahlt wird, ist von ihrer Pracht nicht allzu viel zu erkennen.
Ist es sinnvoll, in der Stadt die Sterne zu beobachten? Durchaus. Für den Anfänger ist es sogar besser, den angestrahlten Himmel über der Stadt zu nutzen. Es ist einfacher, die Sternbilder nur mit Hilfe der hellsten Sterne kennen zu lernen, als sich in den Tausenden von Sternen eines nachtschwarzen Himmels zu verlieren. Der Mond und die hellen Planeten lassen sich in der Stadt ebenso gut beobachten wie in der freien Natur. Auch am Stadthimmel kann man Sternbilder erkennen, Planeten beobachten und sich an Doppelsternen erfreuen. Für Galaxien, Nebel oder Kometen jedoch muss man sich schon einen dunkleren Ort suchen, zum Beispiel eine Hütte in den Bergen, einen unbeleuchteten Dorfplatz oder eine Anhöhe in der Nähe eines kleineren Ortes.
Auf die Beobachtung lichtschwacher Objekte am Sternenhimmel muss man die Augen vorbereiten. Nach dem Übergang vom Hellen ins Dunkle braucht das menschliche Auge eine Weile, bis es sich an die geringere Lichtstrahlung gewöhnt hat. Es benötigt 15 bis 20 Minuten, bis es schwache Nebel oder Galaxien unterscheiden kann. Wer sich mit der Taschenlampe in die Augen leuchtet oder für ein Weilchen in einen hellen Raum geht, muss nach der Rückkehr ins Dunkle wiederum eine Viertelstunde warten, bis die Pupillen sich angepasst haben. Deshalb benutzt man zum Kartenlesen im Gelände eine Taschenlampe mit gedämpftem, am besten mit rotem Licht.

Beispiel für eine ungeeignete Straßenbeleuchtung

DIE ERSTE NACHT UNTER STERNEN

WAS NEHMEN WIR MIT?

In unser Beobachtungsgepäck gehört auf jeden Fall ein Fernglas, wenn eines zur Verfügung steht. Dann eine drehbare Himmelskarte zur schnellen Orientierung und eine ausführlichere Karte jenes Himmelsabschnitts, der an diesem Tag zu sehen sein wird. Solche Karten findet man auch in diesem Buch (siehe Seite 6 und 7). Außerdem Papier und Stift für Notizen, eine Taschenlampe mit rotem Filter und geeignete Kleidung. Bei längeren Beobachtungen im Winter sind ein kleiner Imbiss und eine Thermoskanne mit heißem Tee willkommen. In warmen Sommernächten ist dagegen mit allerhand Insekten zu rechnen, gegen die man sich wappnen muss. Damit wir sicher wieder nach Hause kommen, ist es vorteilhaft, sich unterwegs das Gelände einzuprägen. Im Dunkel der Nacht sieht es nämlich oft ganz anders aus als bei Tageslicht.

Beispiel für eine geeignete Beleuchtung

Foto: Jan Hollan

DIE ERSTE NACHT UNTER STERNEN

DER NACHTHIMMEL

Der Nachthimmel ist ein für jedermann zugängliches Theater, in dem einige Akteure ihre Rollen seit Milliarden Jahren spielen (Sterne, Galaxien, Sternhaufen), andere geben nur kurze, aber unvergessliche Einlagen (Meteore, Supernoven, manche Kometen). Andere wiederum kehren regelmäßig wieder, auch wenn sie zwischendurch von der Bühne verschwinden (Planeten, Veränderliche und periodische Kometen).

Die hellsten Sterne haben Namen (Albireo, Mizar, Sirius, Wega). Vierundzwanzig der hellsten Sterne in jedem Sternbild hat man mit griechischen Buchstaben bezeichnet (alpha – der hellste, beta – der zweithellste usw.), an die jeweils die Namen der zugehörigen Sternbilder angehängt werden (gamma Delfini, sigma Draci). Die Objekte, die in unseren Karten beschrieben sind, haben entweder eigene Namen oder sind mit einem großen M und einer Zahl bezeichnet – das bedeutet, dass dem Objekt eine Bezeichnung nach dem vom französischen Astronomen Charles Messier (18. Jhdt.) zusammengestellten Katalog der hellsten Objekte zugeteilt wurde.

DIE ERSTE NACHT UNTER STERNEN

STERNBILDER

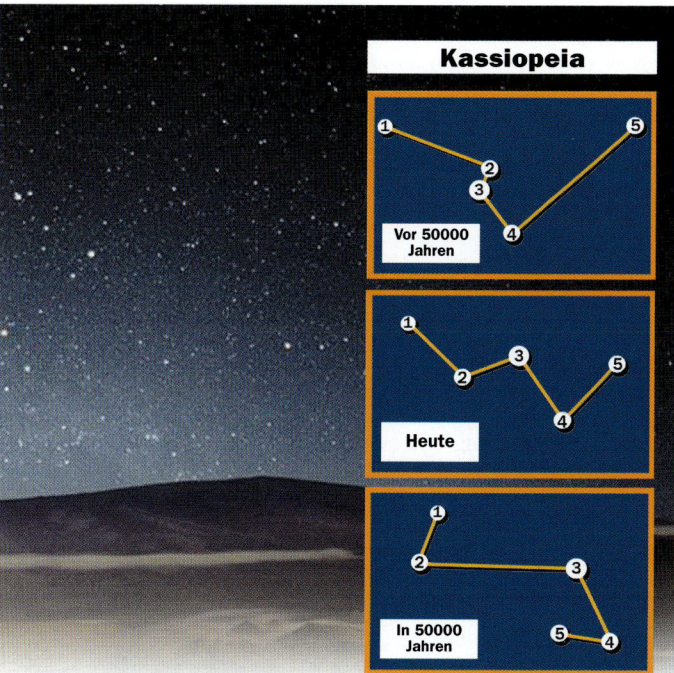

Sternbilder sind keine wirklichen Objekte im Weltall. Sie sind Bilder, zu denen die menschliche Phantasie einzelne Sterne miteinander verbunden hat. Die meisten Sterne der verschiedenen Sternbilder hängen untereinander überhaupt nicht zusammen, sie zeigen sich uns nur am Himmel nahe beieinander. Die tatsächliche Entfernung zwischen den Sternen eines Sternbildes kann aber sehr groß sein. Die heutigen Sternbilder haben ihren Ursprung zumeist im antiken Griechenland, einige stammen aus dem 18. Jahrhundert. Bis heute benutzen die Astronomen zur Orientierung am Himmel die Sternbilder, mit denen sich romantische Geschichten von mächtigen Göttern und mutigen Recken verbinden.

Wenngleich sich die Sterne frei über den Himmel bewegen, erscheinen uns die Sternbilder infolge der Rotation der Erde als unveränderlich; deshalb bezeichnen wir sie als Fixsterne. Doch auch die Sternbilder sind nicht von Dauer. Im Lauf von zigtausend Jahren verändern sie sich bis zur Unkenntlichkeit, denn die zugehörigen Sterne bewegen sich durch das All.

STERNOBJEKTE

STERNE

Unser Universum wird vor allem von den Sternen bevölkert. Sie sind riesige, glühende Gaskörper. In ihnen spielen sich, ebenso wie in dem uns nächsten Stern – der Sonne – ununterbrochen thermonukleare Reaktionen ab, die Wärmeenergie und Strahlung erzeugen.

Die Sterne sind unterschiedlich groß. Es gibt mittlere, Zwerge und Riesen – und so nennt man sie auch in der Fachsprache. Astronomie-Lehrbücher erinnern manchmal an Märchenbücher, in denen neben weißen und roten Zwergen blaue Riesen oder rote Überriesen auftreten. Je kleiner ein Stern ist, desto besser kann er mit seiner Substanz haushalten und desto länger kann er leuchten. Unsere Sonne hält sich in dieser Hinsicht ganz gut. Ihre Existenz hat Halbzeit, denn in ihrem bisherigen Leben (fast 5 Milliarden Jahre) hat sie erst die Hälfte ihres Wasserstoffvorrats verbrannt. Kleinere Sterne können ein vielfach höheres Alter erreichen. Umgekehrt verstrahlen massereiche Sterne ihre Substanz schon während einiger Dutzend Millionen Jahre. Sterne unterscheiden sich auch durch ihre Helligkeit. Einige würden sich, wären sie an der Stelle unserer Sonne, in ihrer Helligkeit nicht von den Sternen am Nachthimmel unterscheiden. Andere wiederum würden leuchten wie die Sonne, selbst wenn sie tausendmal weiter entfernt wären als diese. Die Helligkeit der Sterne kennzeichnet man durch die Magnitude. Je heller ein Stern ist, desto kleiner ist seine Magnitude, oft sogar negativ. Der hellste Stern, Sirius, hat die Magnitude -1,5. Wega und Arktur haben die Magnitude 0. Demgegenüber haben die lichtschwächsten Sterne, die man unter Normalbedingungen gerade noch mit bloßem Auge erkennen kann, eine Magnitude von etwa +6. Unsere Sonne hat eine Magnitude von -27, der Vollmond von -12,5.

Beobachtung mit dem Fernrohr
Nur die Sonne ist nah genug, dass wir (bei Verwendung eines Filters zum Schutz gegen das übermäßige Licht) mit dem bloßen Auge oder einem Fernrohr Details auf ihrer Oberfläche ausmachen können. Die Oberfläche der übrigen Sterne dagegen lässt sich weder mit bloßem Auge noch mit einem üblichen Fernrohr differenziert betrachten. Das Einzige, was uns das Fernrohr gegenüber dem Auge noch zusätzlich vermittelt, ist die Farbe der Sterne. Doch die schwächsten kann man selbst durch ein großes Fernrohr nicht farbig erkennen. Einen Feldstecher benutzen wir zur Beobachtung ausgedehnter Sternbezirke.

Beobachtung mit bloßem Auge
Das Auge registriert die Sterne nur als Punkte. Besonders helle Sterne nehmen wir jedoch farbig wahr.

STERNOBJEKTE

Tipps für die Beobachtung mit dem Fernrohr
Helle Sterne (Wega, Sirius, Arktur) muss das Fernrohr als Punkte abbilden. Wenn sie uns als Scheibchen erscheinen, ist dies durch die Optik des Fernrohrs bedingt

Tipps für die Beobachtung mit dem Feldstecher
Ein guter Feldstecher bildet die Sterne ebenfalls punktförmig ab. Man kann die Farben der Sterne erkennen: Arktur (orange), Wega (blauweiß), Deneb oder Sirius (weiß), Aldebaran (rot), Antares (dunkelrot), Rigel (blau), Prokyon (grünlich)

STERNOBJEKTE

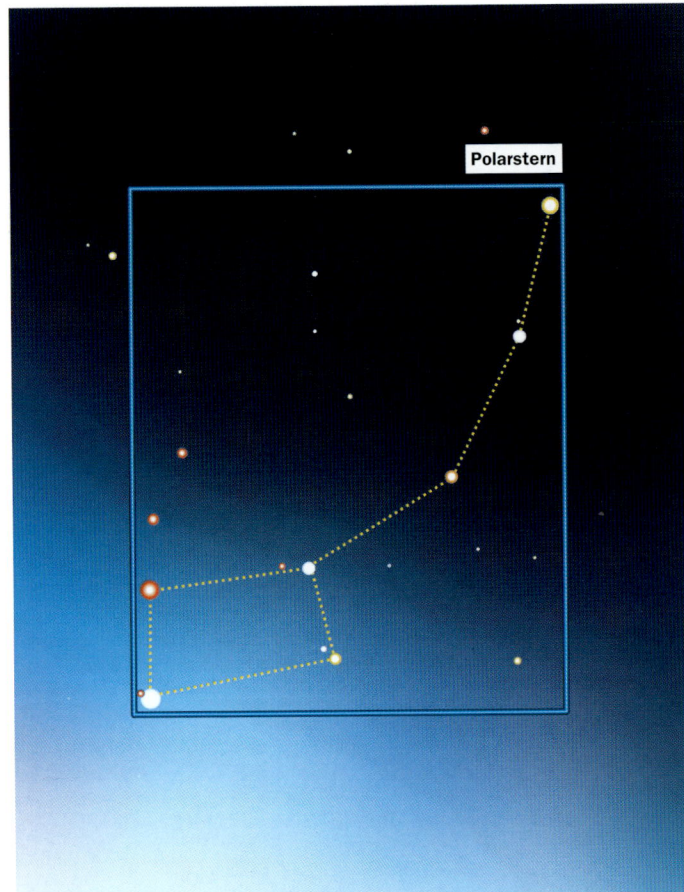

Tipps für die Beobachtung mit bloßem Auge

Das Sternbild des Kleinen Bären, zu dem auch der Kleine Wagen gehört, sinkt bei uns niemals unter den Horizont. Zähle die von dem Rechteck im Bild eingegrenzten Sterne zusammen. Wenn darin 3 oder weniger Sterne zu sehen sind, kann man am Firmament schwache Sterne bis zur 4. Magnitude erkennen. 8 Sterne im Rechteck bedeuten eine Erkennbarkeit bis zur 5. Magnitude. Bei einer Sichtbarkeit bis zur 6. Magnitude (Normalbedingungen) sind im Rechteck etwa 20 Sterne zu unterscheiden.

STERNOBJEKTE

DOPPELSTERNE

Sterne ballen sich oft zusammen. Einige bewegen sich auch einzeln durch den Weltraum wie unsere Sonne, aber das ist eher die Ausnahme. Andere sind Bestandteile von Doppelsternen, die gemeinsam um den gleichen Schwerpunkt kreisen. Es können auch mehrere Sterne umeinander kreisen, dann spricht man von Dreifach- oder Mehrfachsternen. Mitunter jedoch scheint es uns nur so, als stünden bestimmte Sterne in enger Beziehung zueinander.

Beobachtung mit dem Fernrohr
Je größer der Durchmesser des Fernrohrs, desto mehr Doppelsterne bildet es ab.

Beobachtung mit bloßem Auge
Nur wenige Doppelsterne sind mit bloßem Auge erkennbar (siehe auch die Kapitel zu den Jahreszeiten). Das sind solche, bei denen die beiden Teile zwei oder mehr Bogenminuten voneinander entfernt sind.

Tipps für die Beobachtung mit dem Fernrohr
Alamak (gamma Andromedae), beta Cephei, theta Orionis, Algieba (gamma Leonis), Porrima (gamma Virginis), Izar oder Pulcherrima (epsilon Bootei), epsilon Lyrae (als Vierfachstern), Alkor (zeta Ursae Major), eta Cassiopeiae, Cor Caroli (alpha Canes Venatici)

Tipps für die Beobachtung mit dem Feldstecher
Epsilon Lyrae (als Doppelstern), Alkor und Mizar, Albireo (beta Cygni)

Tipps für die Beobachtung mit bloßem Auge
Alkor und Mizar, delta Lyrae, Gredi (alpha Capricorni), gamma Lepi (bei außergewöhnlich guter Sicht), my Bootei (bei sehr guter Sicht)

STERNOBJEKTE

OFFENE STERNHAUFEN

Auch bei ihrer Entstehung treten Sterne in Gruppen auf. Weil sie aus dem Gas und Staub von Nebeln entstehen, sind astronomisch junge Sterne oft von Nebel umgeben. Diese Gruppen junger Sterne heißen offene Sternhaufen und sind einige Millionen, maximal einige Dutzend Millionen Jahre alt.

Beobachtung mit dem Fernrohr
Hier spielt der Durchmesser des Fernrohrs keine große Rolle, eher schon sein Gesichtsfeld. Manch ein Sternhaufen ist nämlich so ausgedehnt, dass ihn große Fernrohre mit kleinem Gesichtsfeld nicht in Gänze abbilden können. Bei ihrer Beobachtung bewährt sich daher ein hochwertiger Feldstecher.

Beobachtung mit bloßem Auge
Etliche offene Sternhaufen lassen sich auch ohne Fernglas verfolgen. Sterne und offene Sternhaufen haben meist nicht nur die Lage gemeinsam, sondern auch die Farbe. Zu den bekanntesten zählen die Plejaden und die Hyaden oder chi und h Persei oder die Krippe im Krebs.

Tipps für die Beobachtung mit dem Fernrohr
M11 im Schild, M16 in der Schlange, M36 und M38 im Fuhrmann, M34 im Perseus

Tipps für die Beobachtung mit dem Feldstecher
Chi und h im Perseus, Plejaden im Stier, Krippe im Krebs, Hyaden im Stier, M35 in den Zwillingen, M39 im Schwan, M47 im Kleinen Wagen

Tipps für die Beobachtung mit bloßem Auge
Chi und h im Perseus, Plejaden im Stier, Krippe im Krebs

STERNOBJEKTE

KUGELSTERNHAUFEN

In Kugelsternhaufen ballen sich zumeist alte Sterne zusammen. Ihr Alter übersteigt häufig sogar zehn Milliarden Jahre. Die Bezeichnung trifft genau die Form dieser Sternhaufen: Es sind riesige Sternkugeln, in denen sich Hunderttausende, ja Millionen von Sternen in zehn- bis hundertfach geringerer Entfernung drängen als die, in der sich die Sterne um die Sonne herum befinden.

Beobachtung mit dem Fernrohr
Am Himmel finden wir über 100 Sternhaufen, von denen einige zehn für ein mittleres Fernrohr zugänglich sind. Auch mit dem Feldstecher lassen sich über ein Dutzend Kugelsternhaufen erkennen.

Beobachtung mit bloßem Auge
Die Zahl der am nicht überstrahlten Himmel mit bloßem Auge sichtbaren Sternhaufen lässt sich an den Fingern einer Hand abzählen. Sie erscheinen wie leicht verwischte, kleine Sterne. Der südliche Himmel schmückt sich mit den beiden ausgedehntesten Kugelsternhaufen. Am nördlichen Himmel ist M13 am bekanntesten, einer der beiden Sternhaufen im Sternbild Herkules.

Tipps für die Beobachtung mit dem Fernrohr
M3 in den Jagdhunden, M13 und M92 im Herkules, M15 im Pegasus, M22 im Schützen

Tipps für die Beobachtung mit dem Feldstecher
M5 in der Schlange, M13 und M92 im Herkules, M15 im Pegasus, M9, M10, M12, M14, M19 und M62 im Schlangenträger

Tipps für die Beobachtung mit bloßem Auge
M13 im Herkules, M4 im Skorpion, M5 in der Schlange

STERNOBJEKTE

NEBEL

Den Nebeln verdankt jeder Stern seine Entstehung. Beim Zerfall eines Sterns kehrt dann ein Teil seiner ausgestoßenen Materie in Form von Nebel zurück. Ein anderer Nebeltypus sind die Rückstände nach der Explosion einer Supernova. Die Ausmaße der Nebel übersteigen den Umfang unseres Sonnensystems oft um mehrere Größenordnungen. Einige reflektieren das Licht umliegender Sterne, andere absorbieren es zum Teil, strahlen es erneut ab oder zerstreuen es teilweise, wieder andere sind dank der Materialfluoreszenz um heiße Riesensterne herum zu sehen und einige werfen nur den Lichtschatten der Sterne auf den Hintergrund.

Beobachtung mit dem Fernrohr
Zur Beobachtung der meisten Nebel eignet sich ein sehr lichtstarkes Fernrohr. Für planetarische Nebel benötigt man meist eine stärkere Vergrößerung.

Beobachtung mit bloßem Auge
Dem Auge bietet unser Himmel den Großen Nebel im Orion und die drei Nebel im Schützen, niedrig über dem Horizont.

Tipps für die Beobachtung mit dem Fernrohr
M1 (Krabbennebel) im Stier, Rosette im Einhorn, M43 im Orion

Tipps für die Beobachtung mit dem Feldstecher
M42 im Orion, M8 (Lagune), M20 (Trifid) und M17 (Omega) im Schützen, Nordamerika im Schwan, Kalifornien im Perseus

Tipps für die Beobachtung mit bloßem Auge
M42 im Orion, M8 (Lagune), M20 (Trifid) und M17 (Omega) im Schützen

STERNOBJEKTE
PLANETARISCHE NEBEL

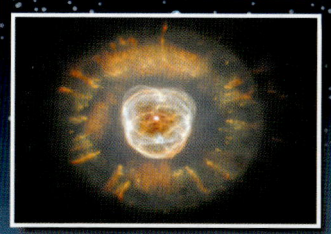
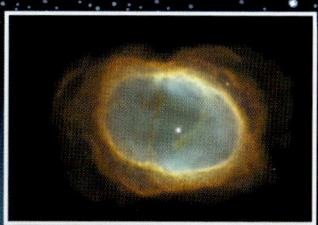

Wir kennen ungefähr tausend planetarische Nebel. Sie sind expandierende Gashüllen. Im Fernrohr erscheinen sie als Ringe oder Scheibchen, die einen zentralen, gewöhnlich sehr heißen Stern umgeben. Die Gashülle war einmal Teil dieses Sterns, wurde aber bei seinem Zerfall in die Umgebung geschleudert. Der heiße Zentralstern ist somit der Kern des ursprünglichen Sterns. Mit viel Glück können wir einen planetarischen Nebel verfolgen. Die sich ausdehnende äußere Atmosphäre bewegt sich mit Geschwindigkeiten von einigen zig Kilometern in der Sekunde, sodass jeder planetarische Nebel binnen einigen zehntausend Jahren auseinander driftet.

Beobachtung mit dem Fernrohr
Mit einem mittleren Fernrohr kann man einige Dutzend planetarische Nebel. bewundern. Geeignet sind lichtstarke Fernrohre und große Feldstecher.

Beobachtung mit bloßem Auge
Ohne Fernglas lässt sich gelegentlich ein einziger planetarischer Nebel beobachten, und zwar der Ringnebel in der Leier.

Tipps für die Beobachtung mit dem Fernrohr
M57 (Ringnebel) in der Leier, Saturn im Wassermann, Eulennebel im Großen Bären, Katzenauge im Drachen

Tipps für die Beobachtung mit dem Feldstecher
M57 (Ringnebel) in der Leier, M27 (Hantel) im Füchslein, Helix im Wassermann (nur am nicht überstrahlten Himmel)

Tipps für die Beobachtung mit bloßem Auge
M57 (Ringnebel) in der Leier (bei außergewöhnlich guter Sicht)

STERNOBJEKTE

BENACHBARTE GALAXIEN

Galaxien sind Sterneninseln im ansonsten leeren Weltraum. In jeder von ihnen befinden sich einige hundert Milliarden Sterne. Und es gibt hunderte Milliarden Galaxien im Weltall. Auch die Entfernungen und Abmessungen der Galaxien sind unermesslich. Das Licht braucht Millionen Jahre, bis es uns aus der nächsten Galaxie erreicht. In jeder Galaxie finden wir nicht nur enorm viele Sterne, sondern auch Nebel, Sternhaufen und interstellare Materie. Unsere Galaxie ist spiralförmig, aber es gibt auch elliptische oder unregelmäßige.

Beobachtung mit dem Fernrohr
Je größer unser Fernrohr, desto mehr Galaxien finden wir. Vorteilhaft sind Fernrohre mit größerer Lichtstärke.

Beobachtung mit bloßem Auge
Mit bloßem Auge entdecken wir an unserem Himmel die Große Galaxie in der Andromeda (M31) und an einem sehr klaren Himmel auch die Galaxie im Dreieck.

Tipps für die Beobachtung mit dem Fernrohr
M81 und M82 im Großen Bären, M51 in den Jagdhunden, M49, M87 und M104 in der Jungfrau, M64 im Haar der Berenike

Tipps für die Beobachtung mit dem Feldstecher
M51 in den Jagdhunden, M31 und M32 in der Andromeda, M33 im Dreieck (nur am nicht angestrahlten Himmel), M81 und M82 im Großen Bären

Tipps für die Beobachtung mit bloßem Auge
M31 in der Andromeda, M33 im Dreieck (nur am nicht angestrahlten Himmel)

STERNOBJEKTE

UNSERE GALAXIE

Zu einer der Galaxien gehört auch unser Sonnensystem. Wie diese Galaxie von außen aussieht, lässt sich nur am Computer simulieren. Um sie zu sehen, müssten wir eine Entfernung zurücklegen, für die selbst das Licht Millionen Jahre bräuchte. Unsere Galaxie können wir deshalb nur von innen betrachten. Die Milchstraße, die wir am nicht angestrahlten Himmel als silbernen Streifen bemerken, ist die sternenreichste Ebene unserer Galaxie. Mit bloßem Auge können wir die einzelnen Sterne der Galaxie nicht unterscheiden, nur mit dem Fernglas. Alle Einzelsterne, Doppelsterne, Nebel oder Sternhaufen sind Bestandteile eben jener Galaxie. Ihr Durchmesser beträgt 100000 Lichtjahre. Die Sonne ist nur einer von vielen unter 200 Milliarden Sternen in unserer Galaxie.

Beobachtung mit dem Fernrohr
Mit dem Fernrohr entdecken wir die Milchstraße nur, wenn es lichtstark ist und ein möglichst großes Gesichtsfeld besitzt.

Beobachtung mit bloßem Auge
Mit bloßem Auge lässt sich die Milchstraße am besten beobachten.

Tipps für die Beobachtung mit dem Fernrohr
Für das Fernrohr sind nur Teilobjekte der Milchstraße zugänglich

Tipps für die Beobachtung mit dem Feldstecher
Die ganze Milchstraße erfasst der Feldstecher zwar nicht, aber man kann Details mit ihm besser verfolgen als mit dem Fernrohr

Tipps für die Beobachtung mit bloßem Auge
Die Milchstraße lässt sich im Ganzen nur mit dem Auge erfassen

STERNKARTEN

In diesem Kapitel sind die Sternbilder beschrieben, die in den Jahreszeiten morgens vor Sonnenaufgang oder abends nach Sonnenuntergang zu sehen sind.

Die Sternbilder verändern sich nicht nur im Jahreslauf, sondern verschieben sich dank der Erdrotation auch im Laufe der Nacht. Wir benutzen also entweder eine drehbare Karte des gesamten Himmels oder alle zwei bis drei Stunden eine andere Karte der sichtbaren Sternbilder. Karten der im Laufe des Jahres sichtbaren Sternbilder sind auf den folgenden fünf Seiten abgebildet. In der Tabelle unten ist angegeben, für welche Stunden im jeweiligen Monat jede Karte gilt.

	Januar	Februar	März	April	Mai	Juni
abends im Frühling	5-7	3-5	1-3	23-1	21-23	19-21
abends im Sommer	11-13	9-11	7-9	5-7	3-5	1-3
abends im Herbst	17-19	15-17	13-15	11-13	9-11	7-9
abends im Winter	23-01	21-23	19-21	17-19	15-17	13-15
morgens im Frühling	8-10	6-8	4-6	2-4	24-2	22-24
morgens im Sommer	14-16	12-14	10-12	8-10	6-8	4-6
morgens im Herbst	20-22	18-20	16-18	14-16	12-14	10-12
morgens im Winter	2-4	24-2	22-24	20-22	18-20	16-18
	Juli	August	September	Oktober	November	Dezember
abends im Frühling	17-19	15-17	13-15	11-13	9-11	7-9
abends im Sommer	23-1	21-23	19-21	17-19	15-17	13-15
abends im Herbst	5-7	3-5	1-3	23-1	21-23	19-21
abends im Winter	11-13	9-11	7-9	5-7	3-5	1-3
morgens im Frühling	20-22	18-20	16-18	14-16	12-14	10-12
morgens im Sommer	3-4	24-2	22-24	20-22	18-20	16-18
morgens im Herbst	8-10	6-8	4-6	2-4	24-2	22-24
morgens im Winter	14-16	12-14	10-12	8-10	6-8	4-6

In der Tabelle sind auch die Stunden angegeben, in denen die Sonne über dem Horizont steht und die Sternbilder daher nicht zu sehen sind. So finden wir für jede beliebige Stunde im Laufe eines ganzen Jahres sichtbare Sternbilder. Nur manchmal scheint uns die Sonne dazwischen.

Die Tabelle gilt für die Mitte des angegebenen Monats. Am Monatsanfang entdecken wir den in der Karte angegebenen Himmel eine Stunde später, am Monatsende eine Stunde früher. Während der Sommerzeit (April bis Oktober) muss man eine Stunde von der auf der Uhr erscheinenden Zeit abziehen.

STERNKARTEN
FRÜHLING

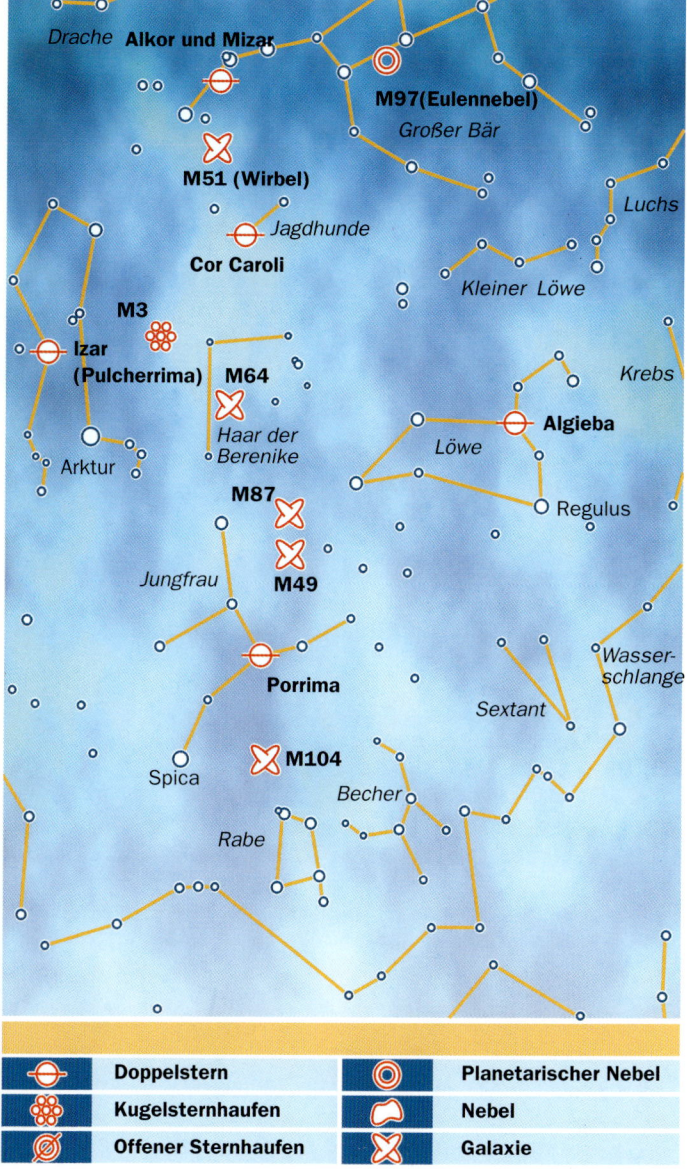

	Doppelstern		Planetarischer Nebel
	Kugelsternhaufen		Nebel
	Offener Sternhaufen		Galaxie

STERNKARTEN

SOMMER

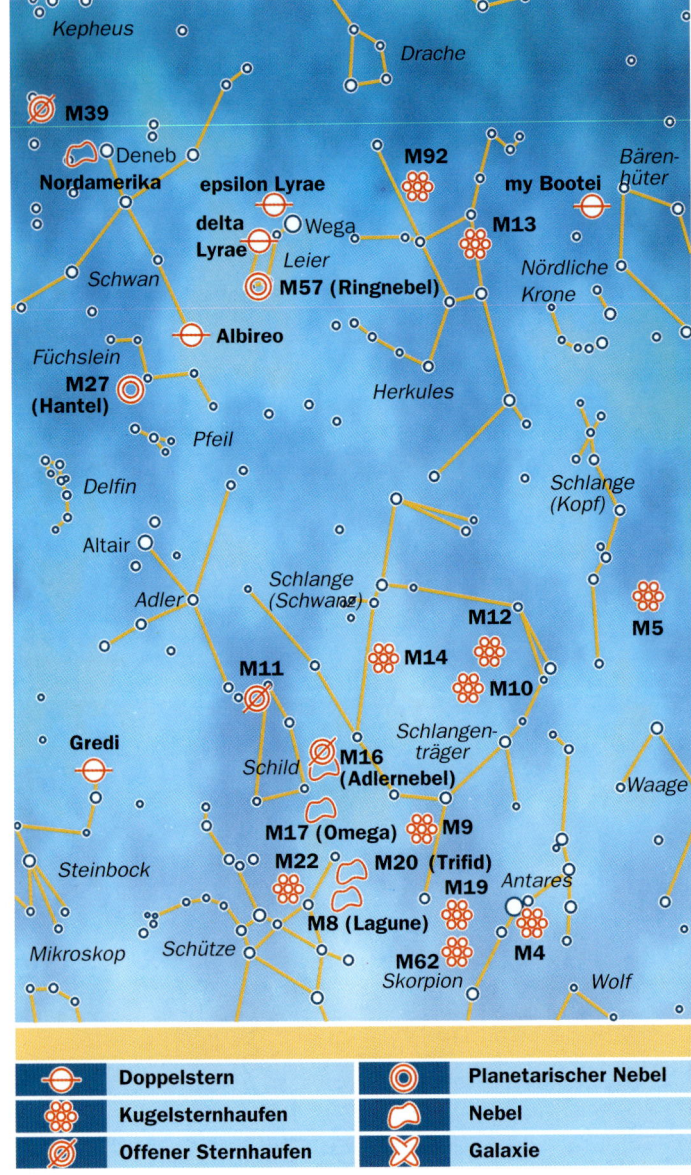

STERNKARTEN

HERBST

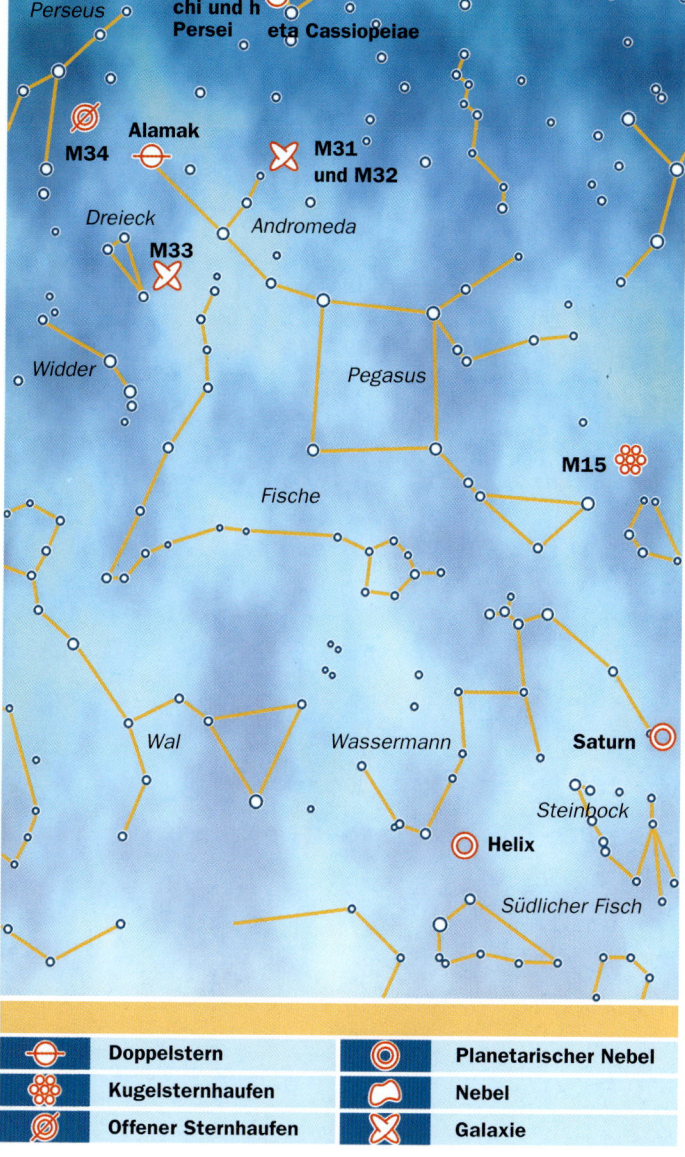

	Doppelstern		Planetarischer Nebel
	Kugelsternhaufen		Nebel
	Offener Sternhaufen		Galaxie

STERNKARTEN

WINTER

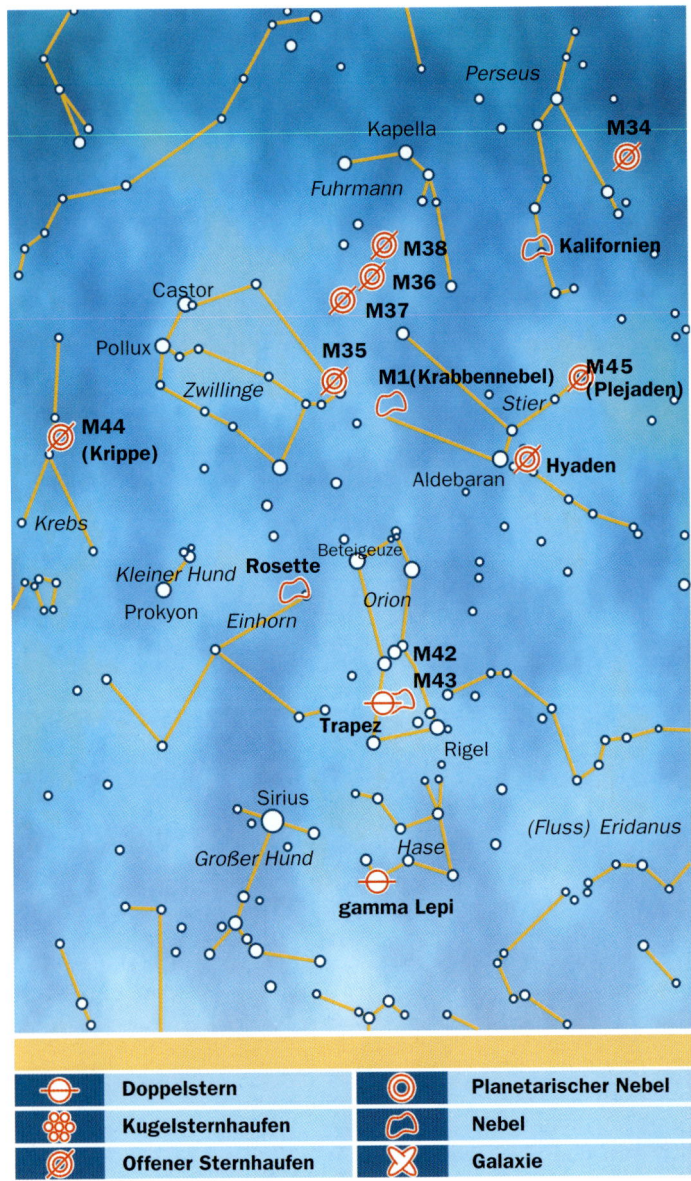

STERNKARTEN

NORDPOL

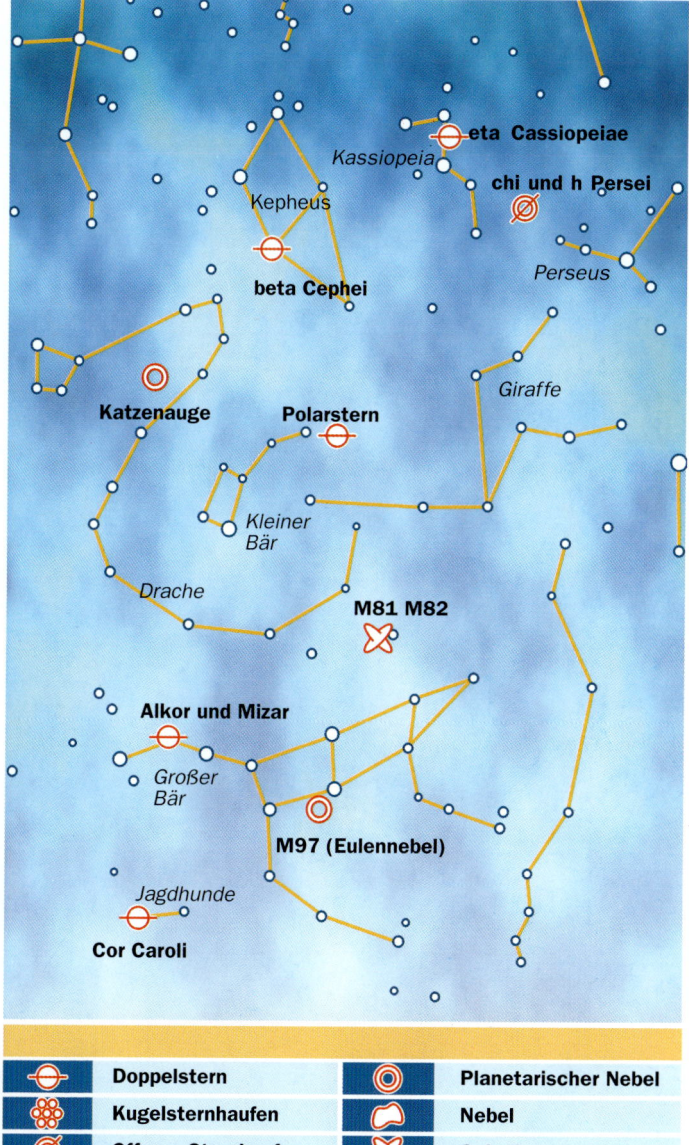

STERNKARTEN

TABELLEN DER STERNOBJEKTE

Objekttyp	Bezeichnung	Sternbild	Helligkeit (Magnitude)	Lage Rektaszension Std.	Lage Rektaszension Min.	Lage Deklination Grad	Lage Deklination Min.	Entfernung (Lichtjahre)
Doppelsterne								
Alamak	gamma And	Andromeda	2,1	2	4	42	20	350
Cor Caroli	alpha CVn	Jagdhunde	5,6	12	56	38	18	100
Achird	eta Cas	Kassiopeia	3,5	0	49	57	50	20
Alphirk	beta Cep	Kepheus	3,2	21	29	70	35	600
Gredi oder Algedi	alpha Cap	Steinbock	4,3	20	18	-12	30	700
Albireo	beta Cyg	Schwan	5,0	19	31	27	58	400
Algieba	gamma Leo	Löwe	2,0	10	20	19	50	125
	epsilon Lyr	Leier	4,6	18	44	39	37	160
	delta Lyr	Leier	5,6	18	54	36	59	1 000
Trapez	theta Ori	Orion	5,0	5	35	-5	25	2 000
Porrima	gamma Vir	Jungfrau	2,7	12	42	-1	28	40
Alkalurops	my Boo	Bärenhüter	4,3	15	25	37	22	120
Izar oder Pulcherrima	epsilon Boo	Bärenhüter	2,3	14	45	27	4	200
Alkor und Mizar	zeta UMa + 80 UMa	Großer Bär	2,2	13	24	54	55	80
	gamma Lep	Hase	3,6	5	45	-22	27	30
offene Sternhaufen								
Plejaden	M35	Zwillinge	5,1	6	8	24	21	2 800
	M45	Stier	1,2	3	47	24	8	380
Hyaden	Mell 25	Stier	0,5	4	27	16	0	150

STERNKARTEN

TABELLEN DER STERNOBJEKTE

Objekttyp	Bezeichnung		Sternbild	Helligkeit (Magnitude)	Lage				Entfernung (Lichtjahre)
					Rektaszension		Deklination		
					Std.	Min.	Grad	Min.	
Adlernebel oder Adlerhorst	M16		Schlange	6,0	18	19	-13	47	7 000
	M39		Schwan	4,6	21	32	48	27	825
doppelter offener Sternhaufen	h Per oder NGC 869		Perseus	5,3	2	19	57	9	7 000
doppelter offener Sternhaufen	chi Per oder NGC 884		Perseus	6,1	2	23	57	10	7 000
	M34		Perseus	5,2	2	42	42	48	1 400
Krippe	M44		Krebs	3,1	8	40	19	40	580
Wildente	M11		Schild	5,8	18	51	-6	16	6 000
	M36		Fuhrmann	6,0	5	36	34	8	4 000
	M37		Fuhrmann	5,6	5	52	32	33	4 500
	M38		Fuhrmann	6,4	5	29	35	51	7 000
Kugel-sternhaufen	M5		Schlange	5,8	15	19	2	5	23 000
	M10		Schlangenträger	6,6	16	57	-4	6	13 500
	M12		Schlangenträger	6,6	16	47	-1	57	17 500
	M14		Schlangenträger	7,6	17	38	-3	15	27 500
	M19		Schlangenträger	7,2	17	3	-26	16	27 000
	M62		Schlangenträger	6,6	17	1	-30	7	21 500
	M9		Schlangenträger	7,9	17	19	18	31	26 500

STERNKARTEN

TABELLEN DER STERNOBJEKTE

Objekttyp		Bezeichnung	Sternbild	Helligkeit (Magnitude)	Lage				Entfernung (Lichtjahre)
					Rektaszension		Deklination		
					Std.	Min.	Grad	Min.	
	Großer Sternhaufen	M13	Herkules	5,9	16	42	36	28	23 000
		M92	Herkules	6,5	17	17	43	8	26 500
		M3	Jagdhunde	6,4	13	42	28	22	30 600
		M15	Pegasus	6,4	21	30	12	11	32 500
		M22	Schütze	5,1	18	37	-23	54	10 000
	Sternfriedhof	M4	Skorpion	5,9	16	24	-26	32	6 800
Nebel	Krabbennebel	M1	Stier	8,4	5	35	22	1	6 300
	Rosette	NGC 2237(-9)	Einhorn	5,5	6	31	5	3	3 600
	Nordamerika	NGC 7000	Schwan	4,0	21	2	44	13	1 500
	Großer Nebel	M42	Orion	4,0	5	35	-5	23	1 600
		M43	Orion	9,0	5	36	-5	16	1 600
	Kalifornien	NGC 1499	Perseus	5,0	4	3	36	22	2 500
	Omega	M17	Schütze	6,0	18	21	-16	11	5 000
	Trifid	M20	Schütze	6,3	18	3	-22	58	5 200
	Lagune	M8	Schütze	5,0	18	4	-24	23	5 000
Plan. Nebel	Katzenauge	NGC 6543	Drache	8,3	17	59	66	38	3 000

STERNKARTEN

TABELLEN DER STERNOBJEKTE

Objekttyp		Bezeichnung	Sternbild	Helligkeit (Magnitude)	Lage				Entfernung (Lichtjahre)
					Rektaszension		Deklination		
					Std.	Min.	Grad	Min.	
Planetarische Nebel	Hantel	M27	Füchslein	7,3	20	0	22	44	1 250
	Ring-	M57	Leier	9,4	18	54	33	2	4 000
	Eulen-	M97	Großer Bär	11,0	11	15	55	0	2 600
	Saturn	NGC 7009	Wassermann	8,3	21	4	-11	21	1 600
	Helix	NGC 7293	Wassermann	6,3	22	30	-20	47	450
Galaxien	Große Galaxie (Großer Nebel)	M31	Andromeda	3,4	0	43	41	17	3,2 Mio.
		M32	Andromeda	8,1	0	43	40	53	3 Mio.
	Wirbel	M51	Jagdhunde	8,4	13	30	47	11	37 Mio.
	Sombrero	M104	Jungfrau	8,0	12	40	-11	38	50 Mio.
		M49	Jungfrau	8,4	12	30	8	0	60 Mio.
	Virgo A	M87	Jungfrau	8,6	12	31	12	23	60 Mio.
		M33	Dreieck	5,7	1	34	30	40	3 Mio.
	Bode-	M81	Großer Bär	6,9	9	56	69	3	12 Mio.
	Zigarren-	M82	Großer Bär	8,4	9	56	69	40	12 Mio.
	Schwarzes Auge (Spica-Schönheit)	M64	Haar der Berenike	8,5	12	57	21	40	12 Mio.

ABENDS IM FRÜHLING

BLICK NACH NORDEN

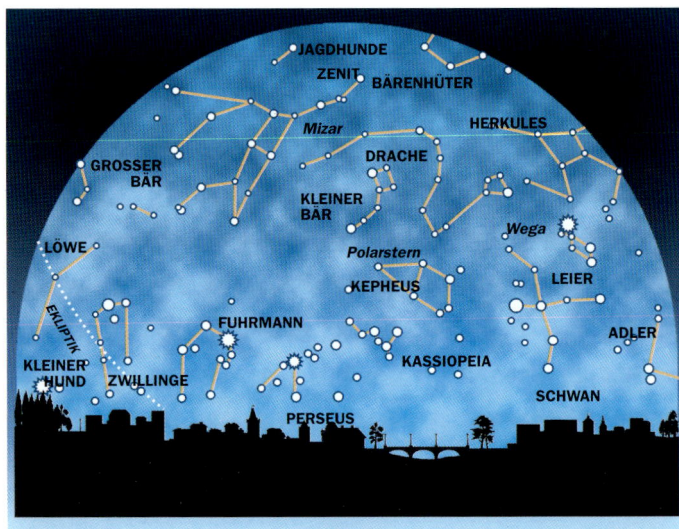

WESTEN   **NORDEN**   **OSTEN**

Der Große Bär steigt am höchsten über den Horizont, hängt aber mit dem Kopf nach unten. Sein wichtigster Teil, der Große Wagen, zeigt mit den hinteren Rädern zum Polarstern, dem hellsten Stern des Sternbilds Kleiner Bär. Zwischen beiden Bären windet sich der Drache. Im Osten erscheint allmählich der hellste Stern des Sommerhimmels, die Wega im Sternbild Leier (Lyra). Über der Leier befindet sich der sagenhafte Held Herkules, einer der Nachkommen des Gottes Jupiter. Verlängert man die Biegung des Großen Wagens, gelangt man zum Arktur im Sternbild Bärenhüter.

Was bietet uns der Himmel?
- **Doppelsterne:** Alkor und Mizar, beta Cephei, epsilon Lyrae, eta Cassiopeiae, Cor Caroli
- **Offene Sternhaufen:** M16 in der Schlange, chi und h im Perseus, M39 im Schwan
- **Kugelsternhaufen:** M3 in den Jagdhunden, M13 und M92 im Herkules, M5 in der Schlange
- **Nebel:** Nordamerika im Schwan
- **Planetarische Nebel:** M57 in der Leier, Eulennebel im Großen Bären, Katzenauge im Drachen
- **Galaxien:** M81 und M82 im Großen Bären, M51 in den Jagdhunden, M64 im Haar der Berenike

ABENDS IM FRÜHLING

BLICK NACH SÜDEN

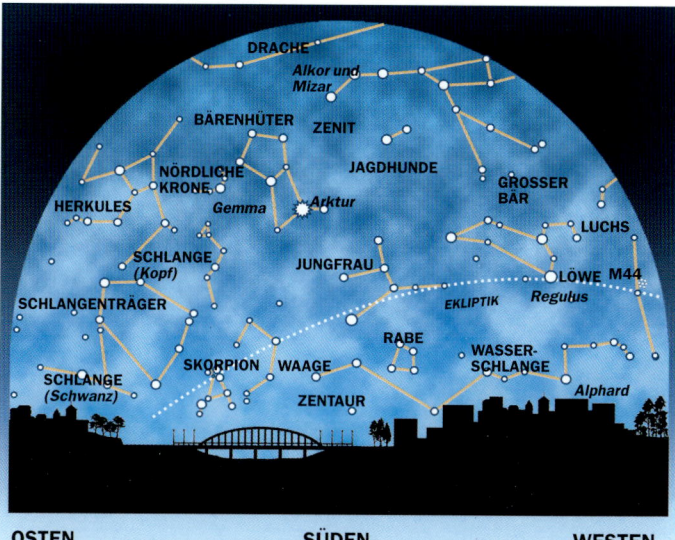

OSTEN **SÜDEN** **WESTEN**

Die Milchstraße zieht sich flach über den Horizont und ist nur schwer zu erkennen. Der Himmel ist relativ arm an hellen Sternen. Nur Arktur steht hoch über dem Südosten, Spica und Regulus bewachen den Südhimmel, ergänzt durch den aufgehenden Antares im Sternbild Skorpion. Dafür bietet dieser Himmel mehrere Galaxien: einige unter dem Löwen, aber etliche in den Sternbildern Jungfrau und Haar der Berenike. Sie sind so weit entfernt, dass wir sie selbst in großen Fernrohren nur als kleine Flecken wahrnehmen. Außerdem zieht sich das längste Sternbild – die Wasserschlange – über den Himmel, sie besteht aber nur aus schwachen Sternen.

Was bietet uns der Himmel?

- **Doppelsterne:** Izar (Pulcherrima), Algieba, Porrima, Alkor und Mizar
- **Offene Sternhaufen:** M44 Krippe im Krebs
- **Kugelsternhaufen:** M3 in den Jagdhunden, M13 und M92 im Herkules, M9, M10, M12, M14, M19 und M62 im Schlangenträger
- **Planetarische Nebel:** Eulennebel im Großen Bären
- **Galaxien:** M51 in den Jagdhunden, M49, M87 und M104 in der Jungfrau, M64 im Haar der Berenike

ABENDS IM SOMMER

BLICK NACH NORDEN

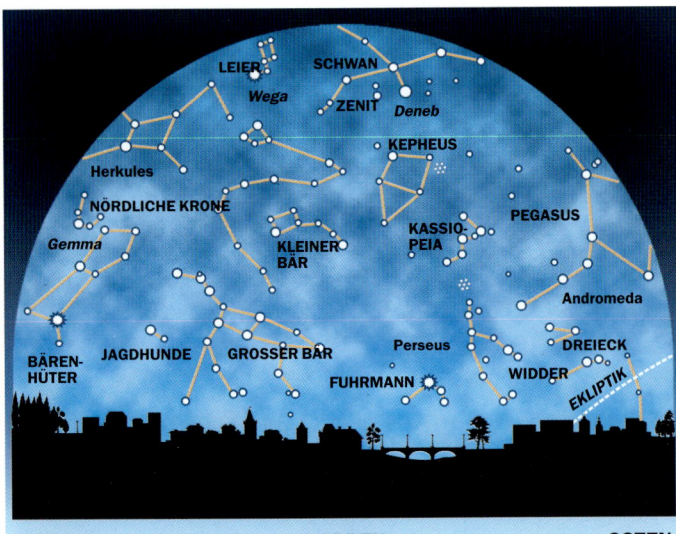

| WESTEN | NORDEN | OSTEN |

Der Große Bär hängt mit dem Schwanz am Himmel, während der Kleine Bär hoch über dem Horizont auf ihm balanciert. Im Osten ist Kassiopeia aufgegangen. Kepheus hängt kopfunter. Hoch über uns sehen wir den Schwan mit dem hellen Stern Deneb. Nach seiner Form wird der Schwan auch als Kreuz des Nordens bezeichnet. Der Sommerhimmel ist ideal zur Beobachtung der Milchstraße. Sie verläuft von Nord nach Süd über unseren Köpfen. In dunklen, mondlosen Nächten kann man Buchten und Inseln in ihrem schwach leuchtenden Strom verfolgen.

Was bietet uns der Himmel?

■ **Doppelsterne:** beta Cephei, Izar (Pulcherrima), epsilon Lyrae, Alkor und Mizar, Cor Caroli, my Bootei, eta Cassiopeiae, delta Lyrae

■ **Offene Sternhaufen:** chi und h im Perseus, M34 im Perseus, M39 im Schwan

■ **Kugelsternhaufen:** M13 und M92 im Herkules

■ **Nebel:** Kalifornien im Perseus, Nordamerika im Schwan

■ **Planetarische Nebel:** M57 in der Leier, Eulennebel im Großen Bären, Katzenauge im Drachen

■ **Galaxien:** M81 und M82 im Großen Bären, M31 und M32 in der Andromeda, M33 im Dreieck, M51 in den Jagdhunden

ABENDS IM SOMMER

BLICK NACH SÜDEN

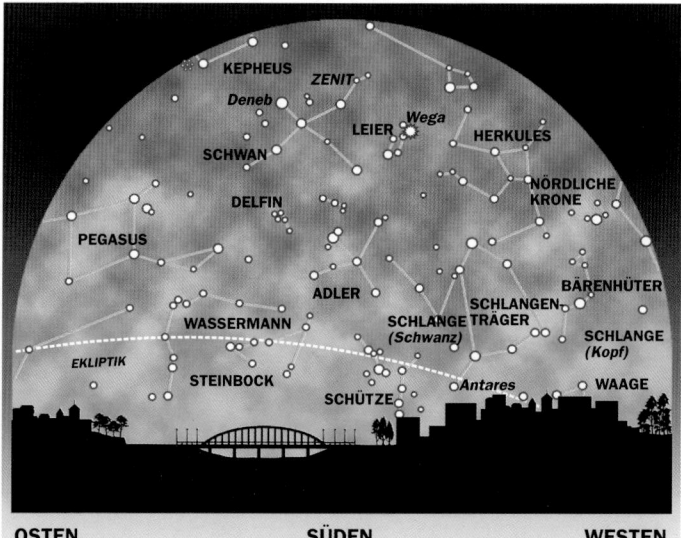

OSTEN — SÜDEN — WESTEN

Den Sommerhimmel beherrscht die Milchstraße. Besonders reich ist sie in den Sternbildern Skorpion und Schütze, wo die Mitte der Galaxie liegt. Die ist jedoch von Wolken aus Staub und Gas verschattet. In dunklen Nächten sieht man, wie sich die Milchstraße beim Stern Deneb teilt: Ein Strom setzt sich im Schwan fort, der zweite zielt in den Adler. Die Trennung wird von dunklen Staubwolken vorgetäuscht, die uns einen Teil der Milchstraße verdecken. In der Mitte des Himmels steht der Schlangenträger, beiderseits von der Schlange umgeben. Unübersehbar ist das Sommerdreieck aus den Sternen Wega, Deneb und Altair.

Was bietet uns der Himmel?

- **Doppelsterne:** epsilon Lyrae, delta Lyrae, Gredi, Albireo
- **Offene Sternhaufen:** M11 im Schild, M16 in der Schlange, M39 im Schwan
- **Kugelsternhaufen:** M13 und M92 im Herkules, M15 im Pegasus, M9, M10, M12, M14, M19 und M62 im Schlangenträger, M22 im Schützen, M4 im Skorpion
- **Nebel:** M8 (Lagune), M20 (Trifid) und M17 (Omega) im Schützen, Nordamerika im Schwan
- **Planetarische Nebel:** M57 in der Leier, M27 im Füchslein, Saturn und Helix im Wassermann

ABENDS IM HERBST

BLICK NACH NORDEN

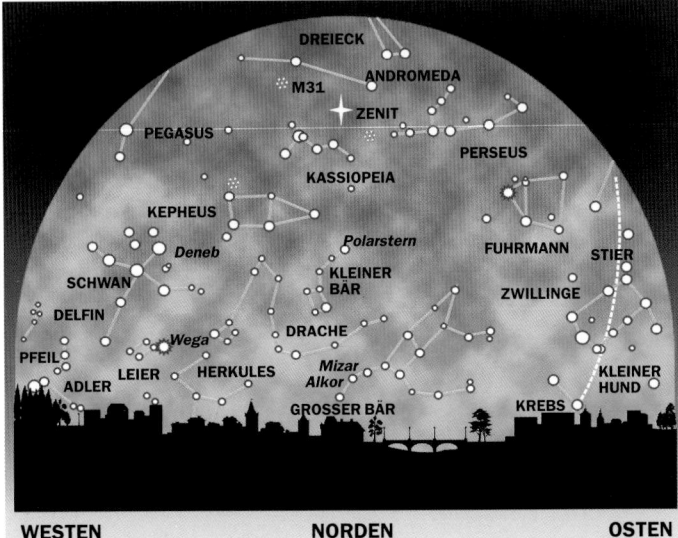

WESTEN NORDEN OSTEN

Der Große Wagen steht niedrig über dem nördlichen Horizont. Herkules geht unter, langsam neigt sich auch das Sommerdreieck dem Untergang im Westen zu. Im Osten gehen die Sternbilder des Winterhimmels auf. Der Fuhrmann ist schon so hoch gestiegen, dass der helle Stern Kapella zu sehen ist. Genau im Zenit befindet sich Andromeda mit der Großen Galaxie M31. Diese Galaxie ist das am weitesten entfernte Objekt, das mit bloßem Auge erkennbar ist: 2,5 Mio. Lichtjahre trennen sie von uns. Das Sternbild Perseus, das den Stern Algol in sich birgt, verändert periodisch seine Helligkeit.

Was bietet uns der Himmel?
- **Doppelsterne:** Alamak, beta Cephei, epsilon Lyrae, delta Lyrae, Alkor und Mizar, eta Cassiopeiae, beta Cygni
- **Offene Sternhaufen:** chi und h im Perseus, M36 und M38 im Fuhrmann, M39 im Schwan, M34 im Perseus, M44 Krippe im Krebs
- **Kugelsternhaufen:** M13 und M92 im Herkules
- **Nebel:** Nordamerika im Schwan, Kalifornien im Perseus
- **Planetarische Nebel:** M57 in der Lyra, M27 im Füchslein, Eulennebel im Großen Bären, Katzenauge im Drachen
- **Galaxien:** M81 und M82 im Großen Bären, M31 und M32 in der Andromeda

ABENDS IM HERBST

BLICK NACH SÜDEN

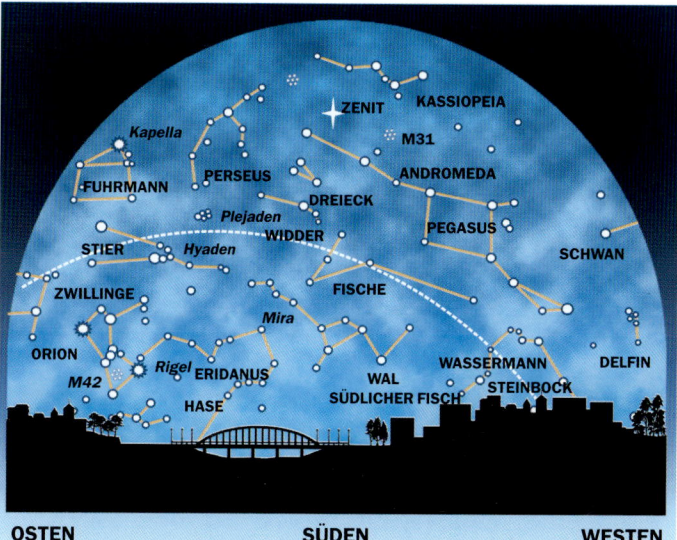

OSTEN — **SÜDEN** — **WESTEN**

Den südlichen Herbsthimmel beherrscht das große Viereck des Pegasus. An diesen knüpft Andromeda an. (Pegasus war das geflügelte Pferd des Perseus, das aus dem Meer aufstieg, in das das Blut aus dem von Perseus abgeschlagenen Haupt der Medusa tropfte.) Am Himmel hängt Pegasus mit dem Kopf nach unten. Neben Pegasus dominieren Wassermann, Wal, Delfin, Südlicher Fisch, Seepferdchen, der Fluss Eridian. Im Wal verändert Mira seine Helligkeit so stark, dass er mitunter für das bloße Auge verloren geht. Unter der Andromeda ist das kleine Sternbild Dreieck, darin eine weitere nahe Galaxie, M33. Das kleine, aber ausdrucksvolle Sternbild Delfin befindet sich ein Stück westlich vom Kopf des Pegasus.

Was bietet uns der Himmel?
- **Doppelsterne:** Alamak, Albireo, eta Cassiopeiae
- **Offene Sternhaufen:** M36 und M38 im Fuhrmann, M37 im Fuhrmann, M34 im Perseus, chi und h im Perseus, Plejaden und Hyaden im Stier
- **Kugelsternhaufen:** M15 im Pegasus
- **Nebel:** M42 und N43 im Orion, Kalifornien im Perseus
- **Planetarische Nebel:** Helix und Saturn im Wassermann
- **Galaxien:** M31 und M32 in der Andromeda, M33 im Dreieck

ABENDS IM WINTER

BLICK NACH NORDEN

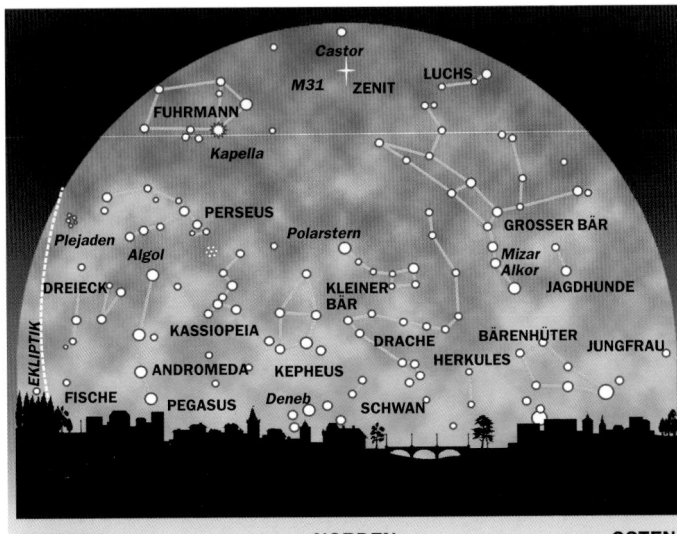

WESTEN NORDEN OSTEN

Der Große Wagen mit sieben hellen Sternen gehört zum Sternbild Großer Bär. Verlängert man die Verbindung seiner Hinterräder, gelangt man zum Polarstern. Im Winter erhebt sich der Große Bär auf seinem Schwanz. Wenn er auf den Rücken kippt, geht das Sternbild Kassiopeia unter. Nahe der Kassiopeia sind auch der König Kepheus mit seiner Tochter Andromeda, deren Retter Perseus und das geflügelte Pferd Pegasus zu sehen. Im Sternbild Andromeda steht die Große Galaxie M31, mit bloßem Auge als neblig leuchtendes Oval erkennbar.

Was bietet uns der Himmel?
- **Doppelsterne:** Alamak (gamma Andromedae), beta Cephei, Algieba (gamma Leonis), Alkor und Mizar, eta Cassiopeiae, Cor Caroli (alpha Canum Venatici)
- **Offene Sternhaufen:** M34 im Perseus, chi und h im Perseus
- **Kugelsternhaufen:** M3 in den Jagdhunden
- **Nebel:** Nordamerika im Schwan, Kalifornien im Perseus
- **Planetarische Nebel:** Eulennebel im Großen Bären, Katzenauge im Drachen
- **Galaxien:** M81 und M82 im Großen Bären, M51 in den Jagdhunden, M64 im Haar der Berenike, M31 und M32 in der Andromeda, M33 im Dreieck

ABENDS IM WINTER

BLICK NACH SÜDEN

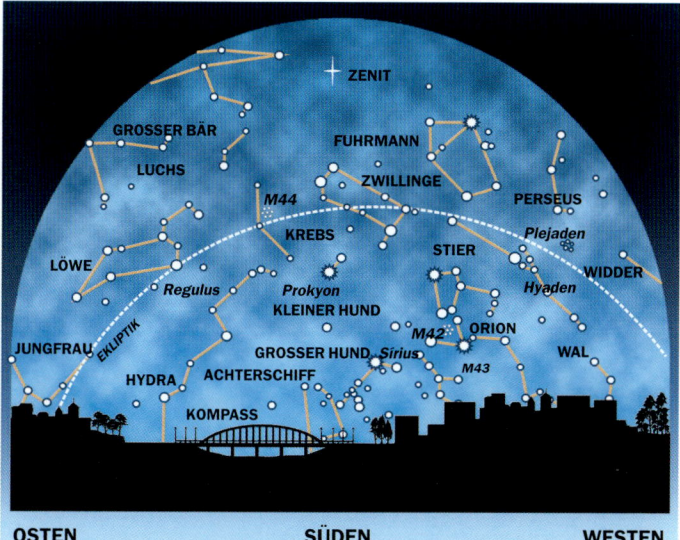

OSTEN **SÜDEN** **WESTEN**

Diesen Himmel beherrscht Orion. Eine seiner Schultern bildet der Stern Beteigeuze, einen Fuß Rigel. Unter dem Gürtel aus drei Sternen hängt ein Schwert, in dem der Nebel M42 mit bloßem Auge zu erkennen ist. Der Orion oder auch Große Jäger wehrt sich gegen den Angriff des Stiers mit dem rötlichen Auge des Sterns Aldebaran und dem offenen Sternhaufen der Plejaden, den er wie ein Band um den Hals gebunden trägt. Unter dem Orion duckt sich der Hase, links unter dem Orion begleitet ihn der Große Hund mit dem Sirius als hellstem Stern. Über dem Orion steht das Sternbild Zwillinge mit den unzertrennlichen Sternenbrüdern Castor und Pollux. Über unserem Kopf verbirgt sich in der Milchstraße das Sternbild Fuhrmann mit Kapella als hellem Stern (siehe Abb. links).

Was bietet uns der Himmel?
- **Doppelsterne:** theta Orionis, Gredi (alpha Capricorni), gamma Lepi
- **Offene Sternhaufen:** M36, M37 und M38 im Fuhrmann, Plejaden und Hyaden im Stier, M44 (Krippe) im Krebs, M35 in den Zwillingen, chi und h im Perseus
- **Nebel:** M1 (Krabbennebel) im Stier, Rosette im Einhorn, M42 und M43 im Orion

MORGENS IM FRÜHLING

BLICK NACH NORDEN

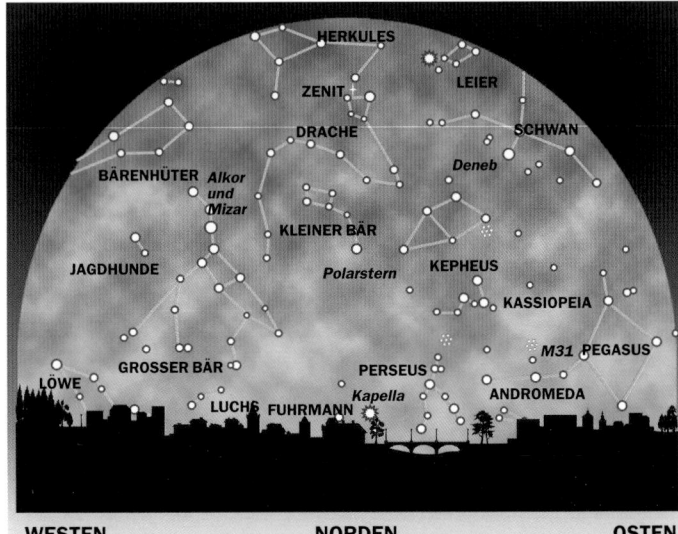

| WESTEN | NORDEN | OSTEN |

Herkules östlich von Bärenhüter und Nördlicher Krone steht zusammen mit der Leier beinah im Zenit. Mitten im Sternbild Schwan zieht sich die Milchstraße hin. Sehr gut zu sehen ist der Drache, der den Kleinen Wagen umschlingt. Im Osten steigt Pegasus auf, der zu Beginn des Frühlings am Morgen zu sehen ist (am Abendhimmel verkündet er den nahenden Herbst). Hoch über dem Westen steht der Bärenhüter, in dem wir den Doppelstern Izar finden.

Was bietet uns der Himmel?
- **Doppelsterne:** Alamak (gamma Andromedae), beta Cephei, Izar oder Pulcherrima (epsilon Bootei), epsilon Lyrae, eta Cassiopeiae, Cor Caroli (alpha Canum Venatici), Alkor und Mizar, delta Lyrae, my Bootei
- **Offene Sternhaufen:** chi und h im Perseus
- **Kugelsternhaufen:** M3 in den Jagdhunden, M13 und M92 im Herkules
- **Nebel:** Nordamerika im Schwan
- **Planetarische Nebel:** M57 (Ringnebel) in der Leier, Eulennebel im großen Bären, Katzenauge im Drachen
- **Galaxien:** M81 und M82 im Großen Bären, M51 in den Jagdhunden, M64 im Haar der Berenike, M31 und M32 in der Andromeda

MORGENS IM FRÜHLING

BLICK NACH SÜDEN

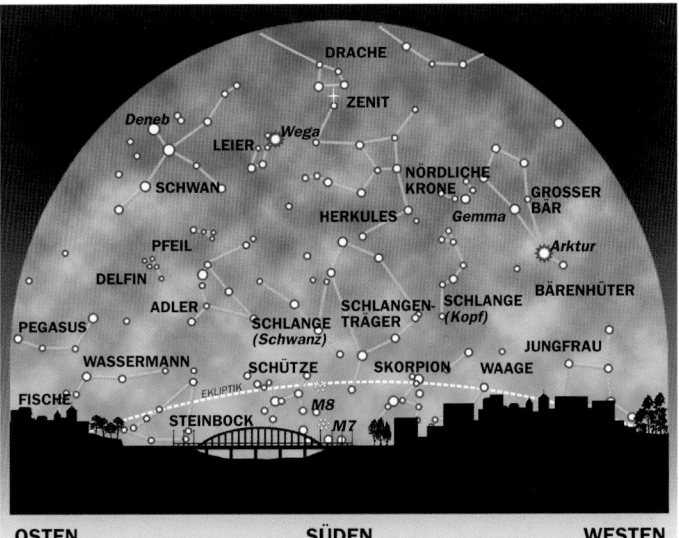

OSTEN — SÜDEN — WESTEN

Die Sternbilder des Tierkreises stehen tief über dem Horizont, die Milchstraße steigt weit nach oben. Einen großen Teil des Himmels nimmt der Schlangenträger ein, der die Schlange halbiert. Wega aus der Leier und Arktur aus dem Bärenhüter dominieren. Flach über dem Süden steigt der Schütze am höchsten. In ihm liegt die Mitte der Galaxie, deshalb umfasst der Schütze eine Vielzahl von Objekten. Diese Besonderheiten bieten sich jedoch dem Auge des Mitteleuropäers nur selten und tief über dem Horizont.

Was bietet uns der Himmel?
■ **Doppelsterne:** Izar oder Pulcherrima (epsilon Bootei), epsilon Lyrae, Albireo (beta Cygni), delta Lyrae, Gredi (alpha Capricorni), my Bootei, Porrima (gamma Virginis)
■ **Offene Sternhaufen:** M11 im Schild, M16 in der Schlange, M39 im Schwan
■ **Kugelsternhaufen:** M13 und M92 im Herkules, M22 im Schützen, M5 in der Schlange, M9, M10, M12, M14, M19 und M62 im Schlangenträger, M4 im Skorpion
■ **Nebel:** Rosette im Einhorn, M8 (Lagune), M20 (Trifid) und M17 (Omega) im Schützen, Nordamerika im Schwan
■ **Planetarische Nebel:** M57 (Ringnebel) in der Leier, M27 (Hantel) im Füchslein

MORGENS IM SOMMER

BLICK NACH NORDEN

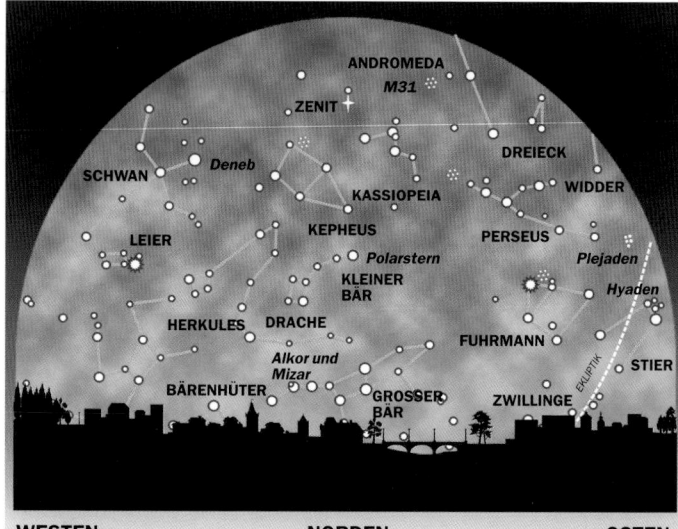

WESTEN NORDEN OSTEN

Während der Westen den Sommersternbildern gehört, beherrschen den Osten die Wintersternbilder. Genau über unserem Kopf ist das Nebelwölkchen der Großen Galaxie in der Andromeda zu sehen. Nahe der hoch stehenden Kassiopeia ist der weniger auffällige Kepheus zu erkennen. Dieses Sternbild bietet außer dem Doppelstern beta auch noch einen anderen interessanten Doppelstern: my Cephei, genannt Erakis, seiner Farbe wegen auch als Granatstern bezeichnet. Für die Beobachtung geeignet ist auch der Kleine Bär mit dem Kleinen Wagen und dem Polarstern.

Was bietet uns der Himmel?
- **Doppelsterne:** beta Cephei, my Cephei, epsilon Lyrae, eta Cassiopeiae, Albireo (beta Cygni), Alkor und Mizar
- **Offene Sternhaufen:** M34 im Perseus, chi und h im Perseus, die Hyaden im Stier, M39 im Schwan
- **Kugelsternhaufen:** M13 und M92 im Herkules
- **Nebel:** M1 (Krabbennebel) im Stier, Nordamerika im Schwan, Kalifornien im Perseus
- **Planetarische Nebel:** M57 (Ringnebel) in der Leier, M97 (Eulennebel) im Großen Bären, Katzenauge im Drachen
- **Galaxien:** M81 und M82 im Großen Bären, M31 und M32 in der Andromeda

MORGENS IM SOMMER

BLICK NACH SÜDEN

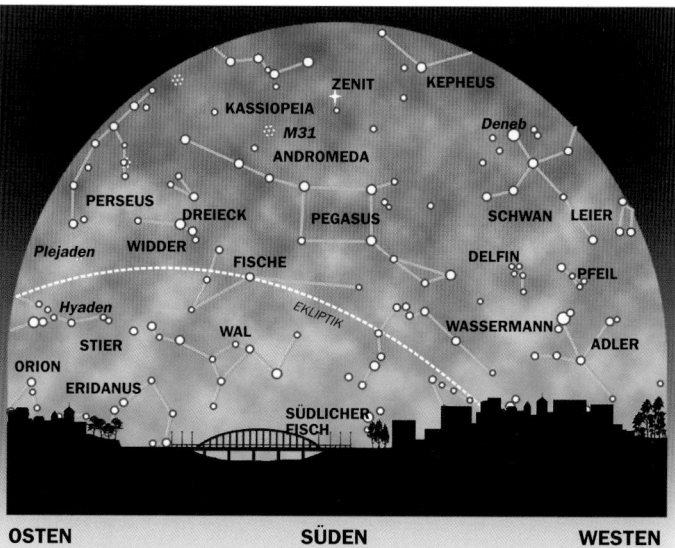

OSTEN   **SÜDEN**   **WESTEN**

Über dem Süden steht das Viereck des Pegasus, dessen linker oberer Stern Sirrah jedoch im Sternbild Andromeda liegt. Unter der Andromeda ist das zwar sehr kleine, seiner Galaxie M33 wegen aber bekannte Sternbild Dreieck. Von West nach Ost zieht sich das Band der Milchstraße über den Zenit. Der Wal nähert sich seinem höchsten Punkt über dem Südhorizont. In ihm kann man den seine Helligkeit ändernden Stern Mira erkennen (innerhalb von 330 Tagen wechselt seine Magnitude von der 3. zur 9. und zurück zur 3.). Mira ist bei weitem nicht der einzige veränderliche Stern, aber vielleicht der bekannteste und auch der zuerst entdeckte Vertreter seiner Art.

Was bietet uns der Himmel?

■ **Doppelsterne:** Alamak (gamma Andromedae), eta Cassiopeiae, Albireo (beta Cygni), Gredi (alpha Capricorni)
■ **Offene Sternhaufen:** M11 im Schild, Plejaden und Hyaden im Stier, M39 im Schwan
■ **Kugelsternhaufen:** M15 im Pegasus
■ **Nebel:** Nordamerika im Schwan
■ **Planetarische Nebel:** M57 (Ringnebel) in der Leier, M27 (Hantel) im Füchslein
■ **Galaxien:** M31 und M32 in der Andromeda, M33 im Dreieck

MORGENS IM HERBST
BLICK NACH NORDEN

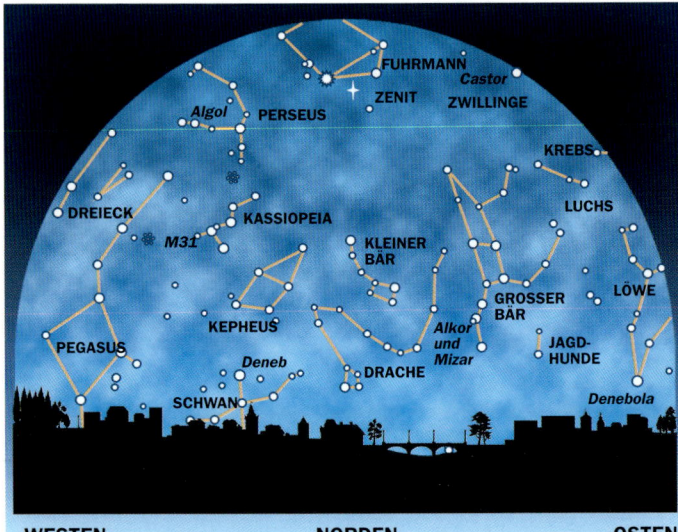

WESTEN **NORDEN** **OSTEN**

Der Morgenhimmel zu Beginn des Herbstes ist fast derselbe wie der Abendhimmel des anbrechenden Frühlings. Die Milchstraße spannt sich vom Südosten in den Nordwesten, wo sie im Schwan unter den Horizont sinkt. Neben Großem Wagen und Pegasus breitet sich Kassiopeia aus. Ihre fünf hellsten Sterne bilden den Buchstaben W. Der Drache steht niedrig über dem Horizont, der Fuhrmann genau im Zenit. Kepheus eignet sich zur Beobachtung. Andromeda und Pegasus bieten einen Blick auf die Galaxie M31.

Was bietet uns der Himmel?
- **Doppelsterne:** Alamak (gamma Andromedae), beta Cephei, eta Cassiopeiae, Cor Caroli (alpha Canum Venatici), Alkor und Mizar
- **Offene Sternhaufen:** M36, M37 und M38 im Fuhrmann, M34 im Perseus
- **Kugelsternhaufen:** M3 in den Jagdhunden
- **Nebel:** Kalifornien im Perseus
- **Planetarische Nebel:** Eulennebel im Großen Bären, Katzenauge im Drachen
- **Galaxien:** M81 und M82 im Großen Bären, M33 im Dreieck, M31 und M32 in der Andromeda, M51 in den Jagdhunden, M64 im Haar der Berenike

MORGENS IM HERBST
BLICK NACH SÜDEN

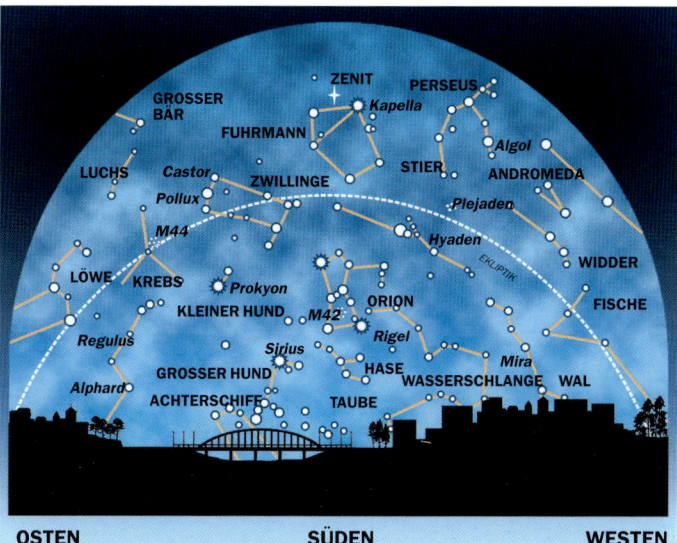

OSTEN **SÜDEN** **WESTEN**

Im Süden sind bereits alle Wintersternbilder versammelt, die von dem aus vielen sehr hellen Sternen gebildeten Orion beherrscht werden. Sirius ist der hellste Stern des Nachthimmels. Die Ekliptik – die scheinbare Bahn der Sonne über den Himmel, auf der sich auch alle Planeten bewegen – liegt hoch über dem Südhorizont, sodass man die Planeten leicht verfolgen kann. Die Zwillinge sind im Vergleich zu Orion und Stier oder Sirius und Prokyon weniger auffällig. Dieser Himmel bietet eine Fülle interessanter Objekte, angeführt vom Großen Nebel im Orion und den Plejaden. Oft werden sie noch von den hellen Planeten hoch auf der Ekliptik ergänzt.

Was bietet uns der Himmel?
- **Doppelsterne:** theta Orionis, Algieba (gamma Leonis), gamma Lepi
- **Offene Sternhaufen:** M36, M37 und M38 im Fuhrmann, M34 im Perseus, Plejaden und Hyaden im Stier, M44 (Krippe) im Krebs, M35 in den Zwillingen, chi und h im Perseus
- **Nebel:** M1 (Krabbennebel) im Stier, Rosette im Einhorn, M42 und M43 im Orion, Kalifornien im Perseus
- **Galaxien:** M33 im Dreieck

MORGENS IM WINTER

BLICK NACH NORDEN

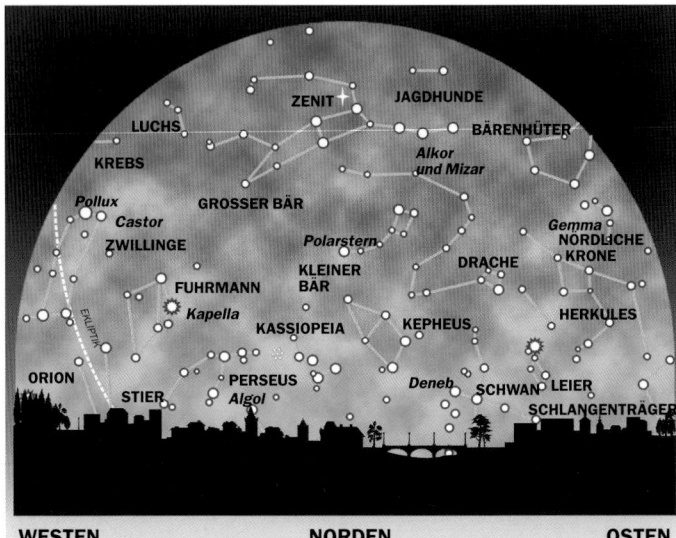

WESTEN　　　　　　　　　NORDEN　　　　　　　　　OSTEN

Im Zenit hängt der Große Bär mit dem Kopf nach unten. Nahe dem Nordhorizont erstreckt sich die nur bei klarem, nicht angestrahltem Himmel wahrnehmbare Milchstraße. Die meisten interessanten Sternbilder – Orion, Stier, Perseus, Andromeda, Kassiopeia, Schwan, Leier – stehen tief am Horizont. Das Einzige, was wir bei einem Blick nach oben bewundern können, sind der Kleine und der Große Bär, zwischen denen sich die Schlange windet. Von unten beobachtet sie Kepheus, über dem Osthorizont Herkules und über dem Westhorizont der Fuhrmann.

Was bietet uns der Himmel?
- **Doppelsterne:** beta Cephei, eta Cassiopeiae, Cor Caroli (alpha Canum Venatici), Alkor und Mizar, epsilon und delta Lyrae
- **Offene Sternhaufen:** M36, M37 und M38 im Fuhrmann, chi und h im Perseus, M35 in den Zwillingen
- **Kugelsternhaufen:** M3 in den Jagdhunden, M13 und M92 im Herkules
- **Nebel:** Kalifornien im Perseus
- **Planetarische Nebel:** Katzenauge im Drachen, M57 (Ringnebel) in der Leier
- **Galaxien:** M81 und M82 im Großen Bären, M51 in den Jagdhunden

MORGENS IM WINTER

BLICK NACH SÜDEN

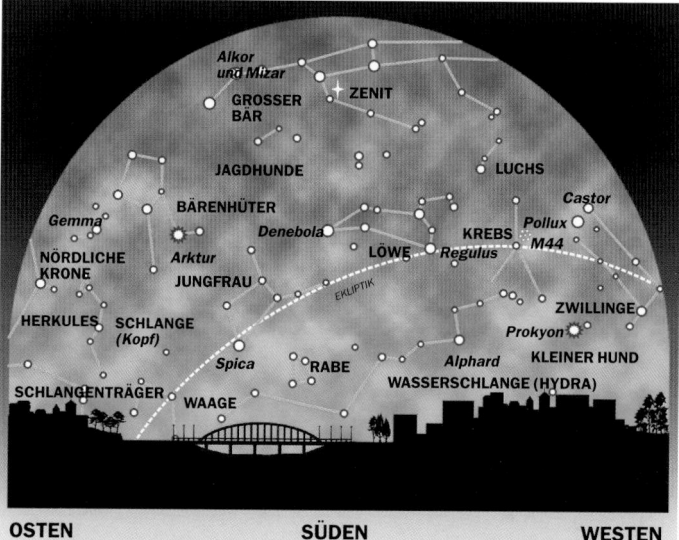

OSTEN **SÜDEN** **WESTEN**

Der südliche Teil steht schon unter der Regentschaft des heraufziehenden Frühlings. Über dem Westhorizont erinnern noch Zwillinge und Kleiner Hund an die aktuelle Jahreszeit. Den Himmel beherrschen bereits Löwe, Jungfrau und Bärenhüter. Außerdem gibt es hier noch Krebs und Wasserschlange mit dem Raben. Nicht zu vergessen Nördliche Krone und im Zenit der Große Bär mit den Jagdhunden. Der Himmel ist voller Galaxien, deren deutlichste Vertreter die Sternbilder Haar der Berenike, Jungfrau, Jagdhunde, Großer Bär und Löwe dominieren. Das kommt daher, dass in dieser Richtung der Nordpol der Galaxie liegt, sodass ferne Galaxien leichter durch die Sterne unserer Galaxie hindurchscheinen.

Was bietet uns der Himmel?
- **Doppelsterne:** Algieba (gamma Leonis), Porrima (gamma Virginis), Izar oder Pulcherrima (epsilon Bootei), Cor Caroli (alpha Canum Venatici), Alkor und Mizar, my Bootei
- **Offene Sternhaufen:** M44 (Krippe) im Krebs, M35 in den Zwillingen
- **Kugelsternhaufen:** M3 in den Jagdhunden, M5 in der Schlange
- **Planetarische Nebel:** Eulennebel im Großen Bären
- **Galaxien:** M51 in den Jagdhunden, M49, M87 und M104 in der Jungfrau, M64 im Haar der Berenike

AM HIMMEL
GIBT ES NICHT NUR STERNE

AM HIMMEL GIBT ES NICHT NUR STERNE

Die Sterne sind die zahlreichsten Objekte am Himmel. Aber der Nachthimmel ist mehr als der Sternenhimmel.

Gäbe es nur Sterne, würde sich der Nachthimmel kaum verändern. Nur ausnahmsweise würde ihn ein neuer Stern (eine Nova oder Supernova) beleben und von Zeit zu Zeit würde sich sein Aussehen dank der Veränderlichen wandeln. Der Himmel würde sich im Tageslauf langsam drehen und noch langsamer würden sich die Sternbilder im Jahreslauf verschieben. Zum Glück für den Beobachter gibt es außer den Sternen noch die Planeten, den Mond, Kometen, Kleinplaneten und Meteore. Hin und wieder kommt es zu Verfinsterungen und anderen, nichtastronomischen Ereignissen und Erscheinungen. Dank all dieser Phänomene ist der Himmel bunt.

Während in der Bewegung der Sterne klare Ordnung und Regelmäßigkeit herrschen, ist das bei anderen Himmelsobjekten nicht so einfach. Um die Sterne zu verfolgen, reicht eine drehbare Himmelskarte, für die Planeten jedoch reicht dieselbe Karte nur ein paar Wochen. Beim Verfolgen eines Planeten wird der Umlauf der Erde um die Sonne mit dem Umlauf des Planeten um die Sonne kombiniert. Die Planetenbewegung folgt Rhythmen, die auf unser Erdjahr keine Rücksicht nehmen. Genauso ist es mit Kleinplaneten oder Asteroiden. Deshalb nimmt man für die Bestimmung der Positionen von Planeten und Kleinplaneten astronomische Jahrbücher oder Computerprogramme zu Hilfe.
Andere Himmelskörper bieten ein noch weniger harmonisches Bild. Kometen und Meteoritenschwärme können in regelmäßigen Intervallen beobachtet werden, man kann sie aber auch völlig unerwartet entdecken. Zu Finsternissen kommt es zwar regelmäßig, aber die Regeln müssen errechnet werden. Dagegen bewegen sich Mond und Sonne vollkommen regelmäßig über den Himmel.
Andere, nicht astronomische Phänomene sind meteorologischer Natur. Zu ihnen gehören die nächtlichen Polarlichter, die Korona und der Halo um Sonne und Mond, ebenso der Regenbogen und die unterschiedliche Bewölkung. Ohne diese unvorhersehbaren Erscheinungen wäre der Himmel weit weniger interessant, auch wenn Bewölkung oder Halo die Beobachtungsmöglichkeiten für Astronomen verschlechtern.
Den Nachthimmel bevölkern aber auch Werke von Menschenhand – künstliche Satelliten oder Raumstationen, die in Höhen von mehreren hundert Kilometern über unseren Köpfen kreisen.

AM HIMMEL GIBT ES NICHT NUR STERNE
PLANETEN VOM TYP DER ERDE

Astronomen teilen die Planeten in zwei Gruppen ein. Die eine Gruppe bilden feste Körper geringerer Ausmaße, die zweite erfasst größere gasförmige Planeten. In die erste Kategorie gehören die Erde, die Venus, der Mars und der Merkur.

Nach ihrem Hauptvertreter heißen diese Planeten terrestrische, also Planeten vom Typ Erde. Ihre gemeinsamen Merkmale sind neben der erwähnten festen Oberfläche auch eine chemische Zusammensetzung, die überwiegend der der Erde ähnelt, eine geringe Entfernung von der Sonne und eine kleine Zahl von Satelliten (Monden). Im oberen Teil der Abbildung sind diese Planeten nach ihrer Sonnenentfernung dargestellt, im unteren nach ihrer Größe.

Vergleich nach Sonnenentfernung und Größe

Merkur 4 875 km

Mars 6 780 km

Venus 12 104 km

Erde 12 756 km

AM HIMMEL GIBT ES NICHT NUR STERNE

MERKUR

Der Merkur befindet sich zweieinhalbmal dichter an der Sonne als die Erde. Er ist ein unwirtlicher Planet. Am Tage erreicht die Temperatur auf diesem kleinen Himmelskörper ohne weiteres 500° C und so ist es kein Wunder, dass Merkur keine Atmosphäre hat. Seine Oberfläche sieht genauso aus wie die des Erdmondes. Auch dort entstanden die Oberflächenstrukturen hauptsächlich infolge von Meteoriten-Einschlägen. Der Planet ist fast dreimal kleiner als die Erde und wird nicht von einem Mond begleitet.

Beobachtung mit dem Fernrohr
In den gebräuchlichen Ferngläsern ist der Merkur nur als kleines Scheibchen ohne Details zu sehen. Größere Fernrohre zeigen den Planeten in Form einer Sichel.

Beobachtung mit bloßem Auge
Der Merkur entfernt sich an unserem Himmel nie weiter als 27 Grad von der Sonne, sodass man ihn nur kurz nach Sonnenuntergang oder kurz vor Sonnenaufgang zu sehen bekommt. Die ungefähre Position des Merkur und die Zeit, zu der man ihn beobachten kann, sind in der Tabelle der Planeten-Sichtbarkeit (S. 70-73) angegeben. Wenn wir ihn aber finden, sehen wir von ihm nicht mehr als einen leuchtenden Punkt.

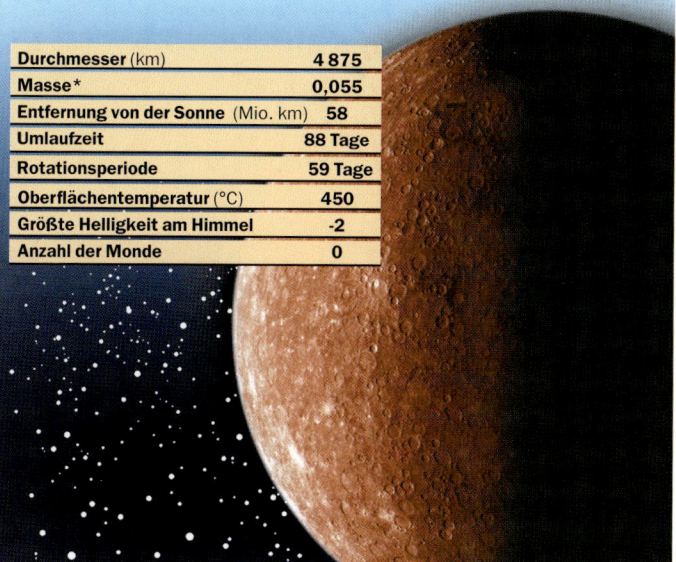

Durchmesser (km)	4 875
Masse*	0,055
Entfernung von der Sonne (Mio. km)	58
Umlaufzeit	88 Tage
Rotationsperiode	59 Tage
Oberflächentemperatur (°C)	450
Größte Helligkeit am Himmel	-2
Anzahl der Monde	0

*im Vergleich zur Erde — 6×10^{24} kg

AM HIMMEL GIBT ES NICHT NUR STERNE

VENUS

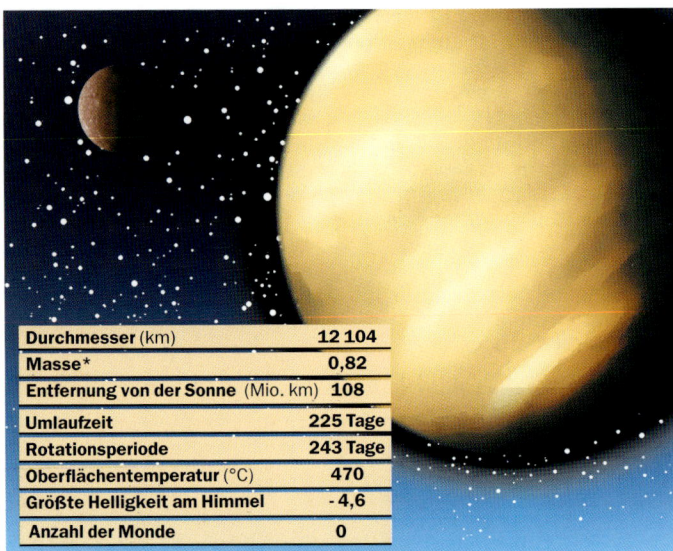

Durchmesser (km)	12 104
Masse*	0,82
Entfernung von der Sonne (Mio. km)	108
Umlaufzeit	225 Tage
Rotationsperiode	243 Tage
Oberflächentemperatur (°C)	470
Größte Helligkeit am Himmel	- 4,6
Anzahl der Monde	0

Die Oberflächentemperatur der Venus ist mit dem Merkur vergleichbar. Ihre Atmosphäre ist neunzigmal dichter als auf der Erde und besteht hauptsächlich aus Kohlendioxid. Wenn es auf der Venus regnet, so fällt kein Wasser vom Himmel, sondern Schwefelsäure. Die Venus ist nur wenig kleiner als die Erde und hat keinen mondartigen Trabanten. Von der Sonne trennen sie drei Viertel der Entfernung zwischen Erde und Sonne.

Beobachtung mit dem Fernrohr
Die Sichel der Venus ist bereits mit kleineren Ferngläsern unterscheidbar. Vor neugierigen Blicken schützt sie jedoch zuverlässig ihre dichte Atmosphäre, deshalb kann man keine weiteren Einzelheiten erkennen.

Beobachtung mit bloßem Auge
Die Venus ist am Himmel nicht zu übersehen. Sie hält sich in Sonnennähe, entfernt sich jedoch bis zu 47 Grad von ihr. Wenn die Venus am Himmel steht (siehe Tabelle der Planeten-Sichtbarkeit), ist sie nach Sonne und Mond das hellste Objekt. Ihr ausdrucksvolles, silberweißes Leuchten verrät sie zuverlässig. Wir sehen sie als hell strahlenden Punkt.

im Vergleich zur Erde – 6×10^{24} kg

AM HIMMEL GIBT ES NICHT NUR STERNE

ERDE

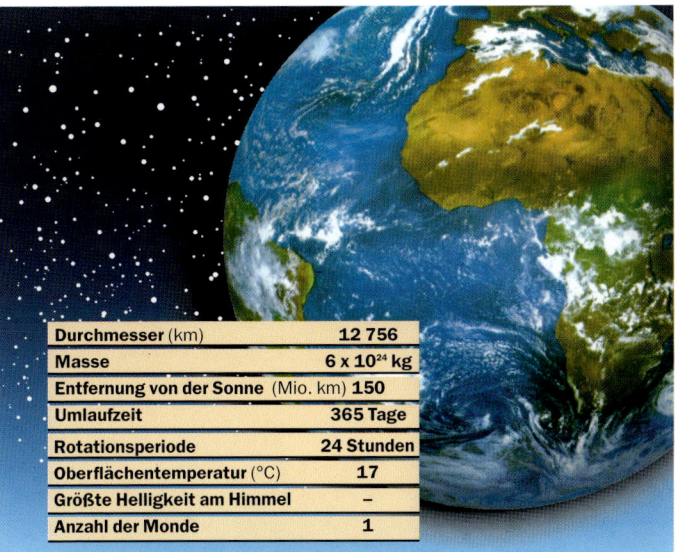

Durchmesser (km)	12 756
Masse	6×10^{24} kg
Entfernung von der Sonne (Mio. km)	150
Umlaufzeit	365 Tage
Rotationsperiode	24 Stunden
Oberflächentemperatur (°C)	17
Größte Helligkeit am Himmel	–
Anzahl der Monde	1

Wer das Weltall kennen lernen will, sollte damit auf der Erde beginnen. Unser Planet, einer von neun im Sonnensystem, verdankt seine Einmaligkeit der günstigen Entfernung vom Zentralgestirn dieses Systems – dem Stern mit dem Namen Sonne. Nach ihrer Größe und Masse ist die Erde auf den ersten Blick ein eher unauffälliger Planet mit einer Atmosphäre. Aber ein schöner.

Wie Merkur, Venus und Mars hat die Erde eine feste Oberfläche. Solche Planeten nennen wir terrestrisch, also Planeten vom Typ der Erde. Die übrigen Planeten unseres Systems haben eine gasförmige Hülle (man bezeichnet sie als große oder Gasplaneten). Die Erde ist der einzige bekannte Planet, der geeignete Bedingungen für das Leben bietet, vor allem eine atembare Atmosphäre und flüssiges Wasser. Eine weitere Besonderheit unter den Planeten mit fester Oberfläche ist der Erdmond. Zwar hat der Mars sogar zwei Monde, aber der Erdmond ist im Vergleich zu 'seinem' Planeten relativ groß - er hat ein Viertel der Größe der Erde. Nur der Pluto hat einen im Vergleich noch größeren Mond. Dafür sind aber Größe und Masse dieses Planeten äußerst gering, sodass man ihn den Kleinplaneten zuordnet.

AM HIMMEL GIBT ES NICHT NUR STERNE

MARS

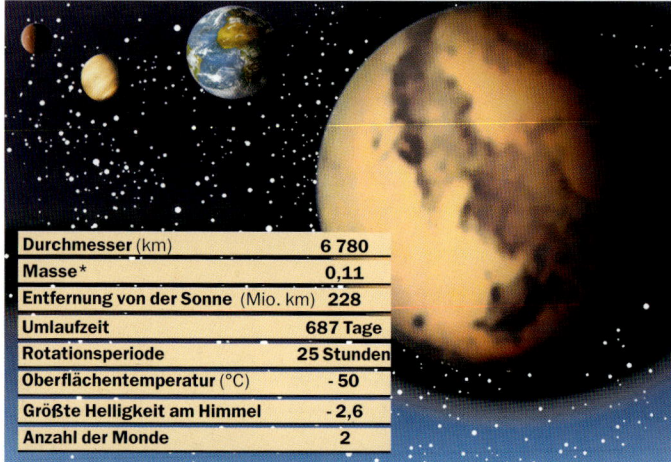

Durchmesser (km)	6 780
Masse*	0,11
Entfernung von der Sonne (Mio. km)	228
Umlaufzeit	687 Tage
Rotationsperiode	25 Stunden
Oberflächentemperatur (°C)	- 50
Größte Helligkeit am Himmel	- 2,6
Anzahl der Monde	2

Dieser Planet von blutroter Farbe erzeugte schon viele phantastische Vorstellungen. Wir finden auf ihm die ausgetrockneten Betten gewaltiger Wasserströme, die höchsten Vulkane im ganzen Sonnensystem und mächtige Sandstürme. Der Mars hat nur den halben Durchmesser der Erde und ist eineinhalbmal weiter von der Sonne entfernt. Seine Atmosphäre ist hundertmal dünner als die der Erde und besteht, ähnlich wie die der Venus, vorwiegend aus Kohlendioxid. Das Thermometer kann bei größter Hitze auf dem Mars schon mal über Null klettern. Die mittlere Temperatur der Planetenoberfläche liegt bei -50 °C, siebzig Grad niedriger als auf der Erde. Den Mars umkreisen zwei unregelmäßig geformte Minimonde.

Beobachtung mit dem Fernrohr

Mit einem etwas größeren Fernrohr kann man auf dem Mars die Polkappen (weiße Bezirke um die Pole) aus Wassereis und gefrorenem Kohlendioxid oder reflektierende Albedo-Phänomene – ausgedehnte, dunkle Flecken – beobachten. Selten kann man den ganzen Planeten erfassende Sandstürme erkennen, die einen wesentlichen Teil der Planetenscheibe verdecken. Die beiden Marsmonde lassen sich nur mit großen Fernrohren verfolgen.

Beobachtung mit bloßem Auge

Den Mars finden wir leicht am Himmel. Zu seiner Identifizierung trägt die klare, rote Farbe bei. Dennoch erscheint er uns nur als Punkt.

*im Vergleich zur Erde – 6×10^{24} kg

AM HIMMEL GIBT ES NICHT NUR STERNE

GROSSE GASPLANETEN

Die Planeten der zweiten Gruppe, die großen Gasplaneten, haben mit den terrestrischen nicht viel gemeinsam. Sie bevölkern die entfernteren Gegenden unseres Sonnensystems, jeder von ihnen hat mehr Monde als alle terrestrischen Planeten zusammen, und diese Mondfamilien sind sehr vielgestaltig. Diese riesigen Planeten haben keine feste Oberfläche. Sie bestehen aus Wasserstoff und Helium (ähnlich wie die Sonne) sowie aus Methan und Ammoniak. Die Temperatur auf den Gasplaneten bewegt sich infolge der großen Entfernung von der Sonne im Bereich von -150 bis -220 °C und um die meisten von ihnen kann man größere oder kleinere Ringe erkennen. Das Schema unten zeigt die Größe der Gasplaneten, das obere ihre Platzierung im Sonnensystem.

Vergleich nach Sonnenentfernung und Größe

AM HIMMEL GIBT ES NICHT NUR STERNE

JUPITER

Durchmesser (km)	142 984
Masse*	318
Entfernung von der Sonne (Mio. km)	778
Umlaufzeit	12 Jahre
Rotationsperiode	10 Stunden
Oberflächentemperatur (°C)	-108
Größte Helligkeit am Himmel	-2,5
Anzahl der Monde	39

Von der Sonne aus gesehen der erste und gleichzeitig der größte Gasplanet ist der Jupiter. Sein Durchmesser ist elfmal größer als der der Erde und er ist fünfmal weiter von der Sonne entfernt als die Erde. Neben den Querstreifen ist auf ihm ein riesiger atmosphärischer Wirbel zu erkennen, der Große Rote Fleck. Dieser ist dreimal so groß wie die ganze Erde. Interessanter als der dünne Jupiterring ist sein Gefolge von mindestens 39 Trabanten, besonders die Monde Io und Europa. Io hat riesige Vulkane, während die Oberfläche Europas von einer mehrere Kilometer dicken zerfurchten Wassereisschicht gebildet wird, unter der auch flüssiges Wasser sein könnte. Auf dem Mond Ganymed fallen die Furchensysteme auf.

Beobachtung mit dem Fernrohr
Selbst mit kleinem Fernrohr kann man von vier Monden (der vierte ist Kallisto) einige erkennen, auch wenn der Planet selbst nur ein Punkt ist. In einem mittelgroßen Fernrohr zeigt Jupiter seine farbigen Bänder und Streifen und bei günstiger Drehung auch den Großen Roten Fleck. Wenn das Fernrohr den Planeten als Scheibchen unterscheidet, kann man sich von der Abplattung dieses Riesenplaneten überzeugen.

Beobachtung mit bloßem Auge
Ein heller, silbrig-gelblicher Fleck – das ist alles, was man mit bloßem Auge vom größten Planeten erkennen kann.

im Vergleich zur Erde – 6×10^{24} kg

AM HIMMEL GIBT ES NICHT NUR STERNE

SATURN

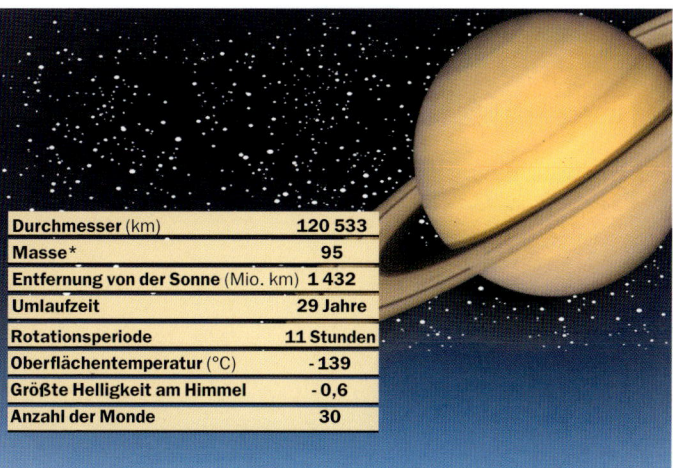

Durchmesser (km)	120 533
Masse*	95
Entfernung von der Sonne (Mio. km)	1 432
Umlaufzeit	29 Jahre
Rotationsperiode	11 Stunden
Oberflächentemperatur (°C)	-139
Größte Helligkeit am Himmel	-0,6
Anzahl der Monde	30

Der zweitgrößte Planet trägt den Namen Saturn. Er ist zehnmal größer und zehnmal weiter von der Sonne entfernt als die Erde. In knapp elf Stunden dreht er sich einmal um seine Achse. Eine so hohe Rotationsgeschwindigkeit führt bei einem großen Körper zu sichtbarer Abplattung. Saturn ist durch sein Ringsystem bekannt, das einen Durchmesser von 250 000 Kilometern und eine Breite von 70 000 Kilometern besitzt, während es nur einen Kilometer stark ist. Für ein Modell des Ringes aus normal starkem Papier müsste man einen Kreis von 40 Metern Durchmesser ausschneiden. Der Ring besteht aus mehrere Meter dicken Steinen. Auch Saturn hat große Gesellschaft – bekannt sind 30 Monde. Titan, der größte davon, ist als einer von wenigen Monden von einer Atmosphäre umgeben. Diese setzt sich ausschließlich aus Methan und Stickstoff zusammen.

Beobachtung mit dem Fernrohr
Saturn ist der schönste Planet im Sonnensystem. Schon ein kleines Fernrohr unterscheidet die Saturnringe, ein mittelgroßes zeigt sie als hinreißendes Spektakel. Überdies lassen sich Streifen und die ausgeprägte Abplattung erkennen. Abhängig von der Größe des Fernrohrs kann man auch einige Monde unterscheiden.

Beobachtung mit bloßem Auge
Ein silberner, aber auffälliger Punkt.

im Vergleich zur Erde – 6×10^{24} kg

AM HIMMEL GIBT ES NICHT NUR STERNE

URANUS

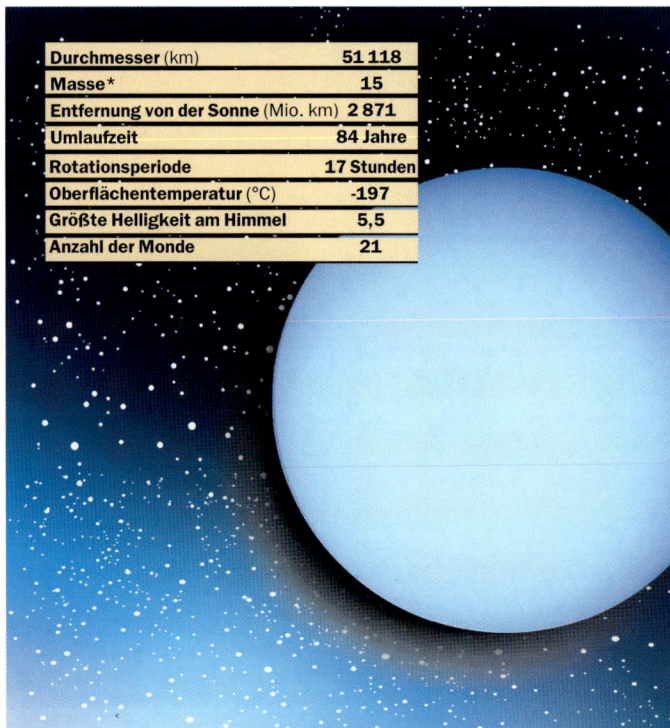

Durchmesser (km)	51 118
Masse*	15
Entfernung von der Sonne (Mio. km)	2 871
Umlaufzeit	84 Jahre
Rotationsperiode	17 Stunden
Oberflächentemperatur (°C)	-197
Größte Helligkeit am Himmel	5,5
Anzahl der Monde	21

Uranus, ein weiterer Planet unseres Sonnensystems, ist viermal größer als die Erde und die Sonnenstrahlen legen auf dem Weg zu ihm die 19-fache Entfernung zurück. Uranus hat einen nicht sehr ausgeprägten Ring und wird von mindestens 21 Satelliten begleitet. Seine blaugrüne Farbe wird durch Methanspuren in der oberen Atmosphäre verursacht. Er bewegt sich auf seiner Bahn besonders eigenartig – der Planet umrundet die Sonne gewissermaßen "liegend".

Beobachtung mit dem Fernrohr
Um den Uranus als Scheibchen erkennen zu können, braucht man ein mittleres Fernrohr. Einzelheiten auf seiner Oberfläche unterscheidet jedoch auch ein größeres Gerät nicht.

Beobachtung mit bloßem Auge
Uranus ist nur unter Ausnahmebedingungen mit bloßem Auge zu sehen.

* im Vergleich zur Erde – 6×10^{24} kg

AM HIMMEL GIBT ES NICHT NUR STERNE

NEPTUN

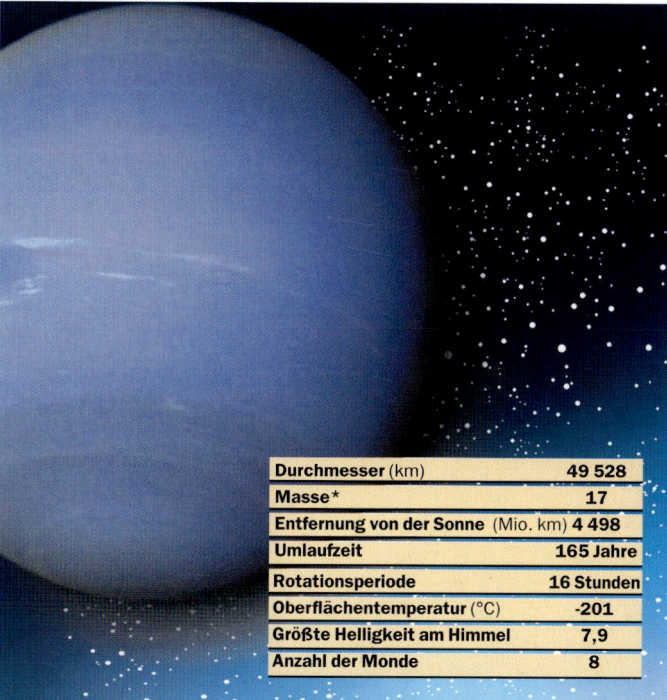

Durchmesser (km)	49 528
Masse*	17
Entfernung von der Sonne (Mio. km)	4 498
Umlaufzeit	165 Jahre
Rotationsperiode	16 Stunden
Oberflächentemperatur (°C)	-201
Größte Helligkeit am Himmel	7,9
Anzahl der Monde	8

Neptun ist von der Sonne dreißigmal weiter entfernt als die Erde und etwa ebenso groß wie Uranus. Die Bezeichnung "Blauer Planet" trägt schon die Erde, aber für den Neptun wäre sie noch treffender. Außer gasförmigem Wasserstoff finden wir dort auch Methaneis – kein Wunder, denn bei -220 °C bleiben von allen Elementen nur Wasserstoff, Helium und Neon in gasförmigem Aggregatzustand. Von den acht Neptun-Monden erwähnen wir Triton, auf dem Stickstoff und Methan vorherrschen, und zwar in flüssiger und fester Form. Als ordentlicher Gasplanet hat auch Neptun einen Ring.

Beobachtung mit dem Fernrohr
Auch das stärkste Fernrohr kann den Planeten nicht als Scheibchen unterscheiden.

Beobachtung mit bloßem Auge
Mit bloßem Auge nicht sichtbar.

* im Vergleich zur Erde – 6×10^{24} kg

AM HIMMEL GIBT ES NICHT NUR STERNE

TABELLE DER PLANETEN-SICHTBARKEIT

Jahr	Monat	Merkur	Venus	Mars	Jupiter	Saturn
2003	Januar	am Taghimmel	morgens	morgens	die ganze Nacht	die ganze Nacht
	Februar	am Taghimmel	morgens	morgens	die ganze Nacht	in der 1. Nachthälfte
	März	am Taghimmel	morgens	morgens	die ganze Nacht	in der 1. Nachthälfte
	April	abends	am Taghimmel	morgens	in der 1. Nachthälfte	in der 1. Nachthälfte
	Mai	am Taghimmel	am Taghimmel	morgens	in der 1. Nachthälfte	abends
	Juni	am Taghimmel	am Taghimmel	in der 2. Nachthälfte	abends	am Taghimmel
	Juli	am Taghimmel	am Taghimmel	in der 2. Nachthälfte	abends	morgens
	August	am Taghimmel	am Taghimmel	die ganze Nacht	am Taghimmel	in der 2. Nachthälfte
	September	morgens	am Taghimmel	in der 1. Nachthälfte	morgens	in der 2. Nachthälfte
	Oktober	morgens	am Taghimmel	in der 1. Nachthälfte	morgens	nachts, außer abends
	November	am Taghimmel	abends	in der 1. Nachthälfte	morgens	nachts, außer abends
	Dezember	am Taghimmel	abends	in der 1. Nachthälfte	in der 2. Nachthälfte	die ganze Nacht
2004	Januar	morgens	abends	in der 1. Nachthälfte	in der 2. Nachthälfte	die ganze Nacht
	Februar	am Taghimmel	abends	in der 1. Nachthälfte	die ganze Nacht	die ganze Nacht
	März	abends	abends	in der 1. Nachthälfte	die ganze Nacht	in der 1. Nachthälfte
	April	abends	abends	in der 1. Nachthälfte	die ganze Nacht	in der 1. Nachthälfte
	Mai	am Taghimmel	abends	abends	in der 1. Nachthälfte	abends
	Juni	am Taghimmel	am Taghimmel	abends	in der 1. Nachthälfte	abends
	Juli	am Taghimmel	morgens	am Taghimmel	abends am Taghimmel	
	August	am Taghimmel	morgens	am Taghimmel	am Taghimmel	morgens
	September	morgens	morgens	am Taghimmel	am Taghimmel	in der 2. Nachthälfte
	Oktober	am Taghimmel	morgens	am Taghimmel	morgens	in der 2. Nachthälfte
	November	am Taghimmel	morgens	am Taghimmel	morgens	nachts, außer abends
	Dezember	morgens	morgens	morgens	in der 2. Nachthälfte	nachts, außer abends

AM HIMMEL GIBT ES NICHT NUR STERNE

TABELLE DER PLANETEN-SICHTBARKEIT

Jahr	Monat	Merkur	Venus	Mars	Jupiter	Saturn
2005	Januar	am Taghimmel	am Taghimmel	morgens	in der 2. Nachthälfte	die ganze Nacht
	Februar	am Taghimmel	am Taghimmel	morgens	nachts, außer abends	die ganze Nacht
	März	abends	am Taghimmel	morgens	nachts, außer abends	nachts, außer morgens
	April	am Taghimmel	am Taghimmel	morgens	die ganze Nacht	nachts, außer morgens
	Mai	am Taghimmel	am Taghimmel	morgens	nachts, außer morgens	in der 1. Nachthälfte
	Juni	abends	abends	in der 2. Nachthälfte	in der 1. Nachthälfte	abends
	Juli	abends	am Taghimmel	in der 2. Nachthälfte	in der 1. Nachthälfte	am Taghimmel
	August	am Taghimmel	am Taghimmel	nachts, außer abends	abends	morgens
	September	am Taghimmel	am Taghimmel	die ganze Nacht	am Taghimmel	in der 2. Nachthälfte
	Oktober	am Taghimmel	am Taghimmel	die ganze Nacht	am Taghimmel	in der 2. Nachthälfte
	November	am Taghimmel	abends	die ganze Nacht	morgens	in der 2. Nachthälfte
	Dezember	morgens	abends		morgens	nachts, außer abends
2006	Januar	am Taghimmel	abends	nachts, außer morgens	morgens	die ganze Nacht
	Februar	morgens	morgens	in der 1. Nachthälfte	in der 2. Nachthälfte	die ganze Nacht
	März	morgens	morgens	in der 1. Nachthälfte	in der 2. Nachthälfte	die ganze Nacht
	April	am Taghimmel	am Taghimmel	in der 1. Nachthälfte	nachts, außer morgens	nachts, außer morgens
	Mai	am Taghimmel	am Taghimmel		die ganze Nacht	in der 1. Nachthälfte
	Juni	abends	morgens	abends	nachts, außer morgens	abends
	Juli	am Taghimmel	morgens	abends	in der 1. Nachthälfte	abends
	August	morgens	morgens	am Taghimmel	abends	am Taghimmel
	September	am Taghimmel	am Taghimmel	am Taghimmel	abends	morgens
	Oktober	am Taghimmel	am Taghimmel	am Taghimmel	am Taghimmel	in der 2. Nachthälfte
	November	morgens	am Taghimmel	am Taghimmel	am Taghimmel	in der 2. Nachthälfte
	Dezember	am Taghimmel	am Taghimmel	am Taghimmel	morgens	nachts, außer abends

AM HIMMEL GIBT ES NICHT NUR STERNE

TABELLE DER PLANETEN-SICHTBARKEIT

Jahr	Monat	Merkur	Venus	Mars	Jupiter	Saturn
2007	Januar	am Taghimmel	am Taghimmel	am Taghimmel	morgens	nachts, außer abends
	Februar	abends	abends	am Taghimmel	morgens	die ganze Nacht
	März	am Taghimmel	abends	am Taghimmel	morgens	die ganze Nacht
	April	am Taghimmel	abends	am Taghimmel	nachts, außer abends	nachts, außer morgens
	Mai	abends	abends	morgens	nachts, außer abends	nachts, außer morgens
	Juni	abends	abends	morgens	die ganze Nacht	in der 1. Nachthälfte
	Juli	am Taghimmel	abends	in der 2. Nachthälfte	nachts, außer morgens	abends
	August	am Taghimmel	am Taghimmel	in der 2. Nachthälfte	in der 1. Nachthälfte	am Taghimmel
	September	am Taghimmel	morgens	nachts, außer abends	abends	morgens
	Oktober	am Taghimmel	morgens	nachts, außer abends	abends	morgens
	November	morgens	morgens	nachts, außer abends	am Taghimmel	in der 2. Nachthälfte
	Dezember	am Taghimmel	morgens	die ganze Nacht	am Taghimmel	in der 2. Nachthälfte
2008	Januar	abends	morgens	die ganze Nacht	am Taghimmel	nachts, außer abends
	Februar	am Taghimmel	am Taghimmel	nachts, außer morgens	morgens	die ganze Nacht
	März	am Taghimmel	am Taghimmel	nachts, außer morgens	morgens	die ganze Nacht
	April	am Taghimmel	am Taghimmel	nachts, außer morgens	morgens	die ganze Nacht
	Mai	abends	am Taghimmel	in der 1. Nachthälfte	in der 2. Nachthälfte	nachts, außer morgens
	Juni	am Taghimmel	am Taghimmel	abends	nachts, außer abends	in der 1. Nachthälfte
	Juli	am Taghimmel	am Taghimmel	abends	die ganze Nacht	abends
	August	am Taghimmel	am Taghimmel	am Taghimmel	nachts, außer morgens	abends
	September	am Taghimmel	am Taghimmel	am Taghimmel	in der 1. Nachthälfte	am Taghimmel
	Oktober	morgens	am Taghimmel	am Taghimmel	abends	morgens
	November	am Taghimmel	abends	am Taghimmel	abends	morgens
	Dezember	am Taghimmel	abends	am Taghimmel	abends	in der 2. Nachthälfte

AM HIMMEL GIBT ES NICHT NUR STERNE

TABELLE DER PLANETEN-SICHTBARKEIT

Jahr	Monat	Merkur	Venus	Mars	Jupiter	Saturn
2009	Januar	am Taghimmel	abends	am Taghimmel	am Taghimmel	nachts, außer abends
	Februar	am Taghimmel	abends	am Taghimmel	am Taghimmel	nachts, außer abends
	März	am Taghimmel	abends	am Taghimmel	am Taghimmel	die ganze Nacht
	April	abends	am Taghimmel	am Taghimmel	morgens	die ganze Nacht
	Mai	abends	am Taghimmel	morgens	morgens	nachts, außer morgens
	Juni	am Taghimmel	morgens	morgens	in der 2. Nachthälfte	in der 1. Nachthälfte
	Juli	am Taghimmel	morgens	in der 2. Nachthälfte	nachts, außer abends	abends
	August	am Taghimmel	morgens	in der 2. Nachthälfte	die ganze Nacht	abends
	September	am Taghimmel	morgens	nachts, außer abends	nachts, außer morgens	am Taghimmel
	Oktober	morgens	morgens	nachts, außer abends	in der 1. Nachthälfte	morgens
	November	am Taghimmel	morgens	nachts, außer abends	in der 1. Nachthälfte	morgens
	Dezember	am Taghimmel	am Taghimmel	nachts, außer abends	abends	in der 2. Nachthälfte
2010	Januar	am Taghimmel	am Taghimmel	die ganze Nacht	abends	in der 2. Nachthälfte
	Februar	am Taghimmel	am Taghimmel	die ganze Nacht	abends	nachts, außer abends
	März	am Taghimmel	abends	die ganze Nacht	am Taghimmel	die ganze Nacht
	April	abends	abends	nachts, außer morgens	am Taghimmel	die ganze Nacht
	Mai	am Taghimmel	abends	nachts, außer morgens	morgens	nachts, außer morgens
	Juni	am Taghimmel	abends	in der 1. Nachthälfte	in der 1. Nachthälfte	in der 1. Nachthälfte
	Juli	am Taghimmel	abends	abends	in der 1. Nachthälfte	in der 1. Nachthälfte
	August	am Taghimmel	abends	abends	nachts, außer abends	abends
	September	morgens	am Taghimmel	abends	die ganze Nacht	am Taghimmel
	Oktober	am Taghimmel	am Taghimmel	am Taghimmel	nachts, außer morgens	am Taghimmel
	November	am Taghimmel	morgens	am Taghimmel	nachts, außer morgens	morgens
	Dezember	am Taghimmel	morgens	am Taghimmel	in der 1. Nachthälfte	in der 2. Nachthälfte

WEITERE HIMMELSKÖRPER IM SONNENSYSTEM

Die acht großen Planeten sind zwar nach der Sonne die größten und wichtigsten Bestandteile des Sonnensystems, können sich aber zahlenmäßig nicht mit den Millionen und Milliarden Kleinplaneten und Kometen messen.

PLUTO

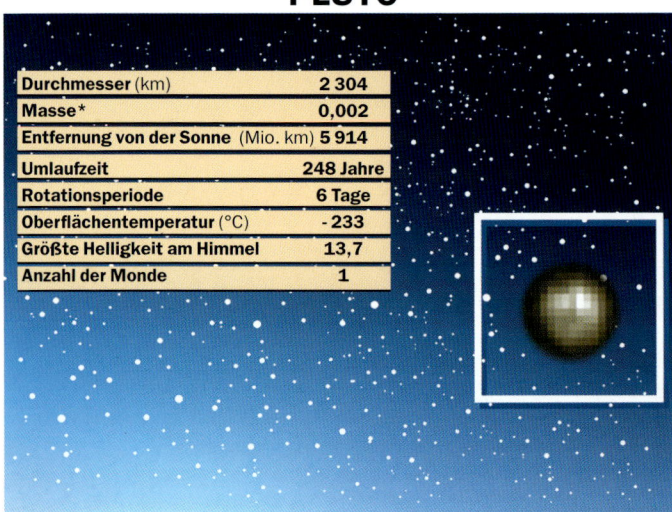

Durchmesser (km)	2 304
Masse*	0,002
Entfernung von der Sonne (Mio. km)	5 914
Umlaufzeit	248 Jahre
Rotationsperiode	6 Tage
Oberflächentemperatur (°C)	- 233
Größte Helligkeit am Himmel	13,7
Anzahl der Monde	1

Der äußerste Planet im Sonnensystem ist der winzige Pluto. Er ist eine Art Miniausgabe der terrestrischen Planeten – fast sechsmal kleiner und vierzigmal weiter von der Sonne entfernt als die Erde. Auf seiner Oberfläche gibt es Stickstoff und Methan. Wenn sich Pluto der Sonne nähert, bilden diese Gase eine dünne Atmosphäre, sonst liegen sie wie Reif auf dem Planeten. Auf seiner Bahn um die Sonne (ein Umlauf dauert 248 Erdjahre) begleitet ihn der Mond Charon. Sein Durchmesser beträgt mehr als die Hälfte von dem des Pluto.

Beobachtung mit dem Fernrohr
Unter Ausnahmebedingungen ist er mit einem stärkeren Gerät als schwacher Punkt zu erkennen.

Beobachtung mit bloßem Auge
Mit bloßem Auge nicht sichtbar.

AM HIMMEL GIBT ES NICHT NUR STERNE

KOMETEN

Außer den Planeten kreisen noch Milliarden Kometen und Kleinplaneten um die Sonne. Kometen sind Ansammlungen von Eis und Gestein, die sich zumeist weit draußen hinter der Bahn des Pluto bewegen. Sie erwachen erst, wenn sie durch die Anziehungskraft eines großen Himmelskörpers ins Innere des Sonnensystems gezogen werden. Dann beginnt das Eis aus ihnen zu verdampfen und sie reißen Staub mit sich. So entstehen die prunkvollen Schweife, die die Kometen mehrere Dutzend Millionen Kilometer weit hinter sich herziehen. Heute kennen wir fast tausend Kometen.

Beobachtung mit dem Fernrohr
Einige Kometen sind selbst mit dem größten Fernrohr nur als schwache Pünktchen zu sehen, bei anderen erkennt man ihren typischen, hauchdünnen Schweif.

Beobachtung mit bloßem Auge
Einige hellere Kometen kann man mit bloßem Auge verfolgen. Kometen, deren Schweif auch ohne Fernglas sichtbar ist, entdeckt man nur alle paar Jahre.

AM HIMMEL GIBT ES NICHT NUR STERNE
KLEINPLANETEN (ASTEROIDEN)

Kleinplaneten sind größer als Kometen, aber kleiner als Planeten. Die meisten von ihnen häufen sich zwischen Mars und Jupiter. Wir kennen heute zehntausende Kleinplaneten, aber sie alle zusammen würden nicht einmal einen Himmelskörper von der Größe unseres Mondes ergeben.

Beobachtung mit dem Fernrohr
Die Anzahl der verfolgbaren Kleinplaneten hängt vom Durchmesser des Fernrohrs ab. Das Gerät zeigt sie stets nur als punktförmige Lichtquellen.

Beobachtung mit bloßem Auge
Mit bloßem Auge sind Kleinplaneten nicht zu erkennen.

AM HIMMEL GIBT ES NICHT NUR STERNE

METEORE

Jeden Tag tauchen mehr als 200 Tonnen durchs Weltall vagabundierende Steine und Felsbrocken in die Erdatmosphäre ein. Der größte Teil dieser Materie verglüht, bevor er auf die Erde fällt. Wenn die Brocken in 110 bis 80 km Höhe aufflammen, ist ein heller Blitz am Himmel zu sehen – ein Meteor. Man nennt sie auch Sternschnuppen oder "fallende Sterne", aber mit dem Herabfallen eines Sterns hat das nichts zu tun. Wenn ein Stein in der Atmosphäre nicht vollständig verglüht, fallen seine Überreste auf die Erde. Diese Überreste nennen wir Meteoriten. Die meisten Meteore und Meteoriten stammen aus der Kleinplanetenzone zwischen Mars und Jupiter oder von Kometen. Meteoriten sind meist klein, wenn man sie in die Hand bekommt, aber im Weltraum waren sie groß wie ein Haus. Einschläge großer Meteoriten allerdings haben auf der Erde riesige Krater geschaffen. Der größte wiegt 60 Tonnen und liegt bis heute an der Stelle seines Niedergangs in Namibia.

Beobachtung mit dem Fernrohr
Bei der fachmännischen Beobachtung von Meteoren werden zwar auch Fernrohre oder Spezialkameras mit Weitwinkelobjektiven benutzt, aber im Normalfall eignen sich vor allem Geräte, die ein sehr breites Gesichtsfeld haben. Mit einem üblichen Fernrohr sieht man nur sehr selten einen Meteor durchs Gesichtsfeld fliegen.

Beobachtung mit bloßem Auge
Wer aufmerksam den Himmel verfolgt, kann beinahe jede Nacht einen Meteor bemerken. Die hellsten, die man Boliden oder Feuerkugeln nennt, wetteifern in ihrer Helligkeit für einen Moment mit den hellsten Sternen und Planeten. Zeitweise treten Meteore häufiger auf, nämlich wenn die Erde ihre Zonen durchquert. Das geschieht von Ende Juli bis Ende August (Perseiden), im zweiten Drittel des Novembers (Leoniden), in der ersten Hälfte des Dezembers (Geminiden) oder in den ersten fünf Tagen des neuen Jahrs (Quadrantiden). Die Bezeichnungen der Schwärme verweisen auf die zugehörigen Sternbilder.

AM HIMMEL GIBT ES NICHT NUR STERNE

PLANETEN ANDERER STERNE

In unserem Sonnensystem gibt es zwar nur neun Planeten, aber heute wissen wir von Dutzenden Planeten, die andere Sterne umkreisen. Weil uns gewaltige Entfernungen von ihnen trennen, haben wir nicht so viele Informationen über sie wie über die Planeten in unserem System. Überdies sind sie wegen ihrer Nähe zu dem Stern, den sie umkreisen, überbelichtet, sodass man sie nicht direkt beobachten kann. Für ihre Existenz gibt es nur indirekte Beweise, abgeleitet aus der Zickzackbewegung ihrer Muttersterne.

Beobachtung mit dem Fernrohr
Für ihre direkte Wahrnehmung reichen derzeit selbst die größten Fernrohre der Welt nicht aus.

Beobachtung mit bloßem Auge
Ist nicht möglich.

AM HIMMEL GIBT ES NICHT NUR STERNE

DER MOND

Die meisten Astronomen lieben den Mond nicht besonders, überstrahlt er doch unbarmherzig die feinen Details von Nebeln, Galaxien oder anderen Attraktionen am Nachthimmel. Der Mond ist aber am leichtesten zu beobachten, nicht nur mit dem Fernglas, sondern auch mit bloßem Auge. Der treue Begleiter der Erde ist nur ein paar Millionen Jahre jünger als diese. Weil er sich nie in eine Atmosphäre gehüllt hat, trägt seine Oberfläche die Spuren früherer Kollisionen, die auf der Erde längst verwischt wären.

Der Mond entstand vor viereinhalb Milliarden Jahren. Damals streifte ein unbekannter Planet die Erde. Es war nur ein tangentialer Zusammenstoß, aber er verursachte eine Katastrophe. Die Materie des Eindringlings und ein Teil der Erdmaterie spritzten auf eine Umlaufbahn um die Erde, wo sich mit der Zeit daraus der Mond formierte.

Die Oberfläche des Mondes zeigt dem astronomischen Fernrohr auch Spuren anderer Kollisionen. Die Mondkrater und die so genannten Mondmeere sind Narben, die Einschläge von Meteoriten auf der Oberfläche hinterlassen haben.

Die Mondoberfläche besteht überwiegend aus Basalt, also vulkanischem Gestein, das von früherer vulkanischer Aktivität zeugt. Auch wenn der Mond nicht besonders gastfreundlich ist – die Temperaturen auf seiner Oberfläche erreichen am Tage +130 °C und sinken nachts auf -170 °C, obendrein gibt es dort keine Atmosphäre – ist er bislang der einzige Himmelskörper, auf dem Erdbewohner ihre Spuren hinterlassen haben.

Anblick der Erde vom Mond aus

AM HIMMEL GIBT ES NICHT NUR STERNE

MONDPHASEN

Der Mond verändert seine Phasen regelmäßig, was mit seinem Umlauf um die Erde zusammenhängt. Einem irdischen Betrachter erscheinen die Phasenwechsel anders, als man sie etwa in einem entfernten Raumschiff beobachten würde. Der Mond leuchtet nur, indem er das Sonnenlicht reflektiert, und beim Umkreisen der Erde zeigt er uns immer dieselbe Seite, deren beleuchteter Teil sich jedoch verändert.

Die beste Zeit, den Mond zu beobachten, ist die, in der die Tag- und Nachtgrenze zwischen dem beleuchteten und dem unbeleuchteten Teil des Mondes zu sehen ist (Terminator). Bei Vollmond, wenn die gesamte der Erde zugewandte Seite angestrahlt ist, und bei Neumond, also wenn die der Erde zugewandte Seite vollständig verschattet ist, kann man auf dem Mond nur schwer Details ausmachen. Bei Neumond sieht man fast nichts, bei Vollmond werfen Erhebungen auf dem Mond nur kurze Schatten, weil die Sonne dort im Zenit steht, deshalb bleiben die Konturen flach.

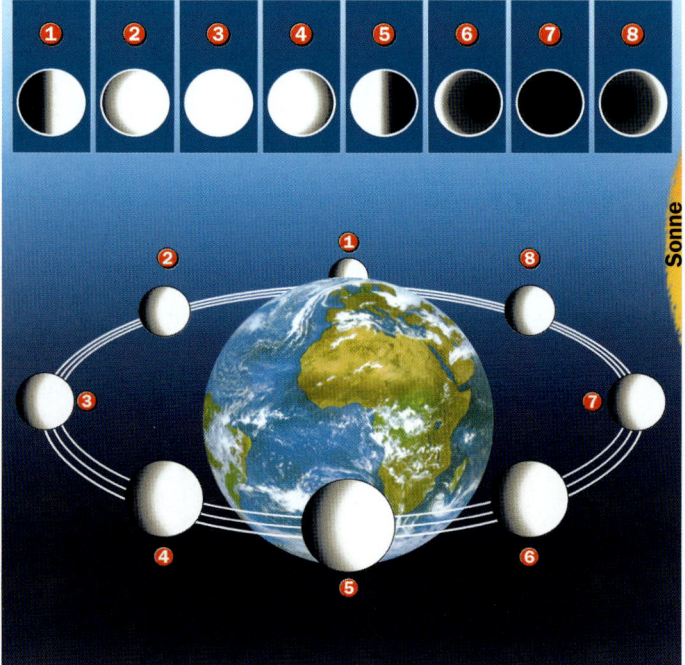

AM HIMMEL GIBT ES NICHT NUR STERNE
MONDBEOBACHTUNG

Mit bloßem Auge

In jeder Mondphase (mit Ausnahme der Zeit um Neumond herum) kann man auch ohne Fernrohr einige Mondmeere erkennen. Die Bezeichnung Meer ist ungenau, denn es findet sich kein Wasser darin. Die Astronomen verwenden hier noch immer einen Begriff, der schon vor Jahrhunderten eingeführt wurde. Die Meere sind eigentlich Stellen, an denen irgendwann größere oder kleinere Meteoriten eingeschlagen haben. In die Einschlagstelle drang dann geschmolzenes Magma ein, das nach dem Erstarren die gigantischen schwarzen Flecken bildete. Die Krater lassen sich ohne Fernrohr nicht direkt beobachten, dazu sind selbst die größten für das Auge zu unscheinbar. Aber die hellen Felder, die einige dieser Krater umgeben, oder die hellen Materiestrahlen, die beim Meteoriteneinschlag ausgeworfen werden, kann man erkennen. Dafür ist wiederum der Vollmond geeignet.

AM HIMMEL GIBT ES NICHT NUR STERNE
DIE SONNE

Die Sonne ist zwar nur ein ganz gewöhnlicher Stern, aber für uns ist sie unentbehrlich. Sie ist der Zentralstern unseres Sonnensystems. Das Licht und die Wärme erzeugt die Sonne selbst. Im Sonneninnern arbeitet ein enormer thermonuklearer Reaktor, der bei einer Temperatur um 15 Mio. °C vor allem Wasserstoff in Helium umwandelt. Im Vergleich mit ihren Satelliten ist die Sonne gigantisch, verglichen mit anderen Sternen allerdings nur von mittlerer Größe. Alle Planeten, Monde, Kometen und Kleinplaneten im Sonnensystem machen zusammengenommen wenig mehr als ein Tausendstel der Sonnenmasse aus. Der Sonnendurchmesser ist 109-mal größer als der der Erde.

AM HIMMEL GIBT ES NICHT NUR STERNE

SONNENBEOBACHTUNG

Die Sonne sendet Radiostrahlung, Ultraviolett-, Infrarot- und Röntgenstrahlung und auch das sichtbare Licht zur Erde. Durch die Erdatmosphäre gelangen vor allem sichtbares Licht und ein Teil der Radiowellen zur Oberfläche. Deshalb können wir die Sonnenoberfläche beobachten, auf der die Sonnenflecken erscheinen.

Beobachtung mit dem Fernrohr

Zur Verfolgung der Sonnenflecken reicht ein kleineres Fernrohr aus, aber Vorsicht: Ohne Spezialfilter drohen ernsthafte Augenschäden! Die Helligkeit der Sonne und die vom Fernrohr konzentrierte Hitze können ein Loch in eine dünne Metallplatte brennen. Unsere Augen sind weit weniger widerstandsfähig als Metall. Gefahrlos beobachten kann man die Sonne auf zweierlei Art: durch Projektion oder unter Verwendung eines Spezialfilters.

Für die Projektionsmethode kann man jedes Linsenfernrohr benutzen. Ein Spiegelteleskop oder ein Spiegel-Linsen-Fernrohr dagegen könnten beschädigt werden. Hinter dem Linsenfernrohr wird ein weißer Projektionsschirm angebracht, das Fernrohr wird auf die Sonne gerichtet und das Okular so weit wie möglich ausgezogen. Durch die richtige Kombination von Okularauszug und Schirmabstand erhalten wir ein scharfes Scheibchen, das uns die Betrachtung eventuell vorhandener Sonnenflecken ermöglicht. Stanniolähnliche Spezialfolien zur Sonnenbeobachtung werden grundsätzlich vor dem Objektiv, niemals hinter ihm oder gar hinter dem Okular angebracht.

Beobachtung mit bloßem Auge

Große Flecken sind auch mit bloßem Auge zu erkennen. Tagsüber benötigt man dazu Spezialfolien. Ein Ersatz durch Rauchglas oder Disketten ist nicht besonders sicher. Selbst dunkle Sonnenbrillen sind für eine direkte Beobachtung der Sonne zu schwach. Haben wir keine Folie zur Verfügung, können wir abwarten, bis das Sonnenlicht durch Wolken oder durch Trübungen vor Sonnenuntergang oder nach Sonnenaufgang abgeschwächt wird.

AM HIMMEL GIBT ES NICHT NUR STERNE

SONNENFLECKEN

Mit einem gängigen Fernrohr, ausgestattet mit Spezialfilter oder Projektionsschirm, kann man auf der Sonne vor allem die Sonnenflecken erkennen.

In Wirklichkeit sind die Flecken "kühlere" Stellen auf der Sonnenoberfläche mit ca. 4 500 °C. Nur im Vergleich zu ihrer wärmeren Umgebung (6 000 °C) können diese Gebiete dunkel erscheinen. Die Anzahl der Flecken verändert sich innnerhalb eines elfjährigen Zyklus. Alle elf Jahre ist die Sonne besonders fleckenreich. Die Flecken bewegen sich einerseits dank der Sonnenrotation (sie dreht sich in einem Monat einmal um sich selbst), andererseits verschieben sie sich über die Oberfläche. Nachdem sie entstanden sind, entwickeln sie sich und vergehen dann wieder. Die kleinsten Flecken haben einen Durchmesser von einigen zehn Kilometern und sind nur im Fernrohr sichtbar. Die größten haben einen mehrfachen Erddurchmesser und sind auch ohne Fernrohr zu erkennen. Mithilfe eines Fernrohrs kann man auf der Sonne auch die Granulation verfolgen – Körnchen auf der sichtbaren Oberfläche im Ausmaß von einigen hundert Kilometern.

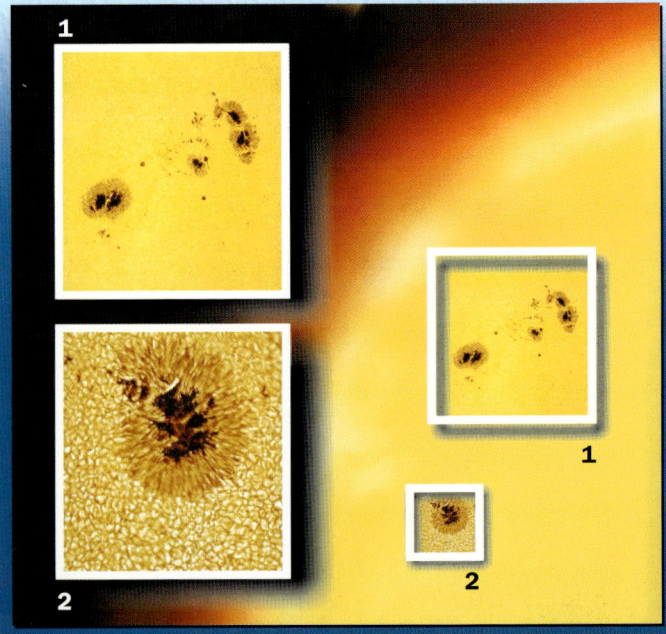

AM HIMMEL GIBT ES NICHT NUR STERNE

FINSTERNISSE

Alle Planeten und Monde, also auch die Erde und der Mond, werfen aus Richtung der Sonne einen langen Schatten in den Raum. Wenn die Erde diesen Mondschatten durchläuft, entsteht eine Sonnenfinsternis. Dabei verdeckt der Mond ganz oder teilweise die Sonnenscheibe. Wandert dagegen der Mond durch den Erdschatten, verdeckt die Erde vom Mond aus gesehen die Sonne, sodass der Mond das Sonnenlicht nicht mehr oder nur noch teilweise reflektieren kann. Dann ist von der Erde aus eine Mondfinsternis zu beobachten. Meistens wandert der Vollmond unterhalb des Erdschattens vorbei. Nur manchmal befindet er sich auf einer Linie mit der Sonne und der Erde – dann sehen wir eine Mondfinsternis. Dabei tritt der Mond von Westen her in den Erdschatten ein, wird also schrittweise von seinem östlichen Teil her verschattet. Eine Mondfinsternis kann nur bei Vollmond eintreten, eine Sonnenfinsternis dagegen nur bei Neumond.

Im Lauf eines Jahres kann man an verschiedenen Orten der Erdkugel zwei bis sieben Sonnen- und Mondfinsternisse beobachten. Sonnenfinsternisse ereignen sich häufiger als Mondfinsternisse. Eine Mondfinsternis ist jedoch von einer ganzen Erdhalbkugel aus gleichzeitig zu sehen, während eine vollständige Sonnenfinsternis nur in einer einige hundert Kilometer breiten Zone der Erdoberfläche beobachtet werden kann. Von ein und demselben Ort auf der Erde sind deshalb mehr Mond- als Sonnenfinsternisse zu sehen, auch wenn insgesamt die Zahl der Sonnenfinsternisse größer ist.

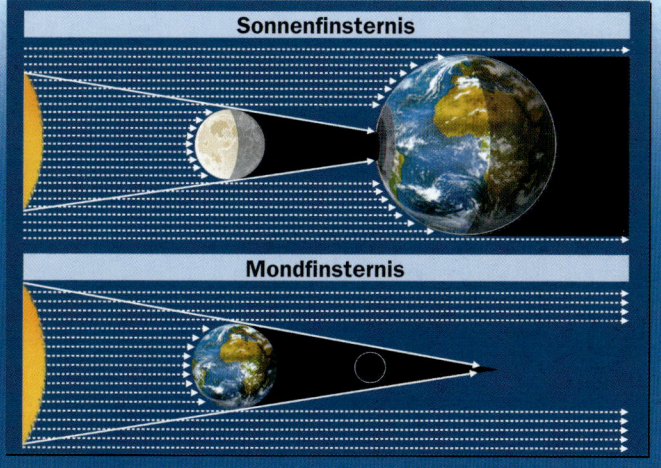

AM HIMMEL GIBT ES NICHT NUR STERNE

BEOBACHTUNG VON FINSTERNISSEN

Am schönsten und wirkungsvollsten ist es, Finsternisse mit bloßem Auge zu verfolgen. Sie wiederholen sich periodisch in Intervallen von achtzehn Jahren und zehn Tagen. Dabei verschieben sich jedoch ihre Routen langsam über die Erdoberfläche, sodass die gleiche Finsternis nicht alle achtzehn Jahre an genau demselben Ort zu sehen ist. Eine vollständige Mondfinsternis kann bis zu 1,5 Stunden dauern, eine vollständige Sonnenfinsternis maximal 8 Minuten.

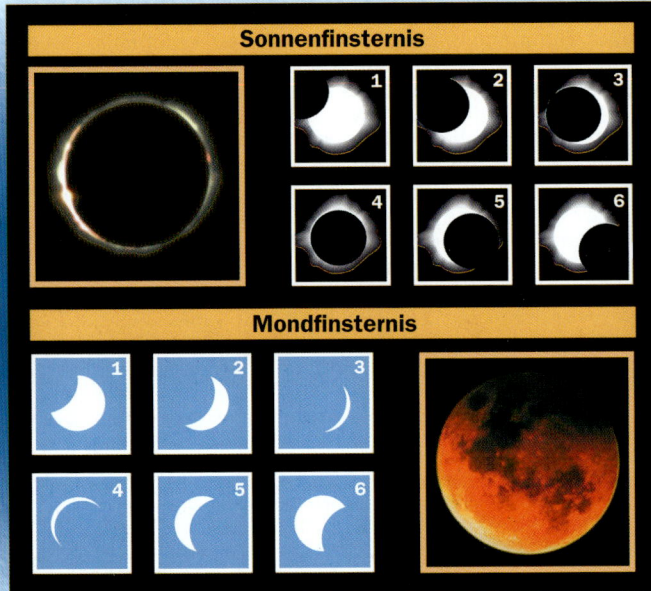

Beobachtung mit dem Fernrohr
Eine Sonnenfinsternis lässt sich nur mit einem für die Sonnenbeobachtung vorbereiteten Fernrohr verfolgen! Wenn Flecken auf der Sonne sind, ist es interessant zu beobachten, wie sie sich dem Mondrand nähern, bis sie sich völlig hinter ihm verbergen. Bei einer Mondfinsternis kann man dann die Verschiebung des Erdschattens zwischen den Mondkratern und -meeren verfolgen.

Beobachtung mit bloßem Auge
Mit bloßem Auge kann man zwar das Vorrücken des Mondes vor die Sonne oder die Verschiebung des Mondes in den und aus dem Erdschatten nicht verfolgen, umso besser lassen sich dafür aber die Veränderungen in der Landschaft wahrnehmen.

WEITERE ERSCHEINUNGEN AM HIMMEL

Wenn wir häufiger zum Himmel blicken, erkennen wir dort nicht nur astronomische Objekte und Erscheinungen, sondern auch meteorologische und andere Phänomene.

Keine regelmäßige, aber eine häufige Erscheinung ist der **Regenbogen**. Das Licht bricht sich an kleinsten Wassertröpfchen in der Atmosphäre oder direkt in den Wolken und erzeugt dabei die Illusion eines farbigen Bogens. Der Bogen ist Teil eines Kreises – den wir auf der Erde aber nicht im Ganzen betrachten können.

Der **Halo (2)** ist ein farbiger Kreis um Sonne oder Mond. Er kann verschiedene Formen annehmen und beispielsweise auch als kleinerer Bogen oder als ein Paar heller Flecken zu beiden Seiten von Sonne oder Mond auftreten. Eine andere, haloartige Erscheinung sind **leuchtende Säulen (3)**, die aus der Sonne meist in dem Augenblick austreten, wenn diese sich dem Horizont nähert. Wesentlich seltener zu bewundern sind **Polarlichter (1)**. Sie werden durch aufgeladene Teilchen verursacht, die von der Sonne in Richtung Erde fliegen. Dann sind bewegliche, grüne Strahlen oder ein leuchtender Bogen zu sehen, der in einen schimmernden Lichtvorhang übergeht. Dieses faszinierende Himmelsschauspiel lässt sich vor allem in Polnähe beobachten, anderswo tritt es nur selten auf.

WEITERE ERSCHEINUNGEN AM HIMMEL

Einen interessanten Anblick bieten oft auch geläufigere Himmelsphänomene. So können beispielsweise **Wolken** mitunter sehr ungewöhnliche Gestalten annehmen. Manchmal haben sie Linsenform und erinnern an eine fliegende Untertasse. Auch einige **künstliche Satelliten** sind am Himmel nicht zu übersehen. Ein schwacher Punkt, der sich langsam über den Himmel schiebt, überrascht niemanden, aber Satelliten und Stationen wie die ISS oder das kosmische Hubble-Teleskop stellen mit ihrer Leuchtkraft die hellsten Sterne in den Schatten. Mit dem kurzen Lichtblitz, den die Iridium-Oberfläche der Kommunikationssatelliten verursacht, kann nicht einmal die Helligkeit des Planeten Venus konkurrieren. Und die **UFOs**? Ein UFO (unbekanntes Flugobjekt) ist etwas, was wir am Himmel sehen, aber nicht identifizieren können. Für manchen ist vielleicht die Venus ein UFO oder ein heller Meteor, ein erfahrener Himmelsbeobachter dagegen entdeckt 'sein' UFO vielleicht einmal in seinem ganzen Leben. Auch die gewieftesten Kenner des Himmels können nicht ausschließen, dass da oben etwas erscheint, was ihrer Meinung nach dort nicht hingehört. Es ist jedoch viel wahrscheinlicher, dass es sich um ein unbekanntes natürliches Phänomen handelt als um eine Marsfamilie auf dem Ausflug.

FOTOGRAFIE
DES NACHTHIMMELS

Den Sternenhimmel auf einen Film zu bannen, ist viel schwieriger, als ein Familienfoto zu knipsen. Es erfordert nicht nur Geduld, sondern auch Kenntnisse.

Fotografisches Filmmaterial oder der Sensor einer Digitalkamera sind so empfindlich, dass bei normalem Tageslicht eine Hundertstelsekunde ausreicht, um das Licht der meisten Objekte zu erfassen. Will man aber den Nachthimmel fotografieren, sind Belichtungszeiten von einigen Zehntelsekunden bis zu einer Stunde nötig. Am besten eignet sich eine einäugige Spiegelreflexkamera mit einer Einstellung für lange Belichtungszeiten (B). Automatische Kompaktkameras sind für die Astro-Fotografie ungeeignet. Dazu benötigen wir noch einen Drahtauslöser mit Arretierung, einen hochempfindlichen Film und ein Stativ. Für die Digitalfotografie des Sternenhimmels eignen sich Kameras mit langer Belichtungszeit (12-16 Sekunden), manueller Einstellungsmöglichkeit und hoher Empfindlichkeit (400 ISO). Der Qualitätsmaßstab für Fernrohre – die Auflösung – gilt auch für Kameras. Benötigt wird auch die zugehörige Software für eine nachfolgende Bearbeitung des digitalen Bildes. Haben wir ein Fernrohr zur Verfügung, setzen wir ein Reduzierstück zwischen Kamera und Fernrohr. Das Teleskop arbeitet wie ein Super-Teleobjektiv. Einen Fotoapparat mit Vorsatzobjektiv mit dem Okular des Fernrohrs zu verbinden, ist wesentlich schwieriger. Beim Fotografieren mit Digitalkamera und Fernrohr kommen wir allerdings nicht drumherum.

FOTOGRAFIE DES NACHTHIMMELS

FOTOGRAFIEREN OHNE FERNROHR

Das Fotografieren der Sterne wird unter anderem durch die Erdrotation erschwert. Weil die Erde sich dreht, bewegen sich alle Himmelskörper von Osten nach Westen über den Himmel. Auf Fotos erscheinen daher die Sterne als Bögen konzentrischer Kreise. Für den Anfang fotografieren wir diese Spuren.

Lange Belichtung (Sternspuren)

Kurze Belichtung (Sternbilder)

Die Kamera wird auf dem Stativ befestigt. Bei klassischen Apparaten schraubt man den Drahtauslöser auf den Auslöser, stellt die Schärfe auf unendlich, die Belichtungszeit auf B und öffnet die Blende so weit wie möglich (je nach Objektiv sind das meist Werte um 1,8 oder 2). Mit dem arretierten Drahtauslöser belichtet man längere Zeit, mindestens einige Minuten.

Mit einer Digitalkamera lassen sich Sterne in ihrer Bewegung nicht fotografieren, denn auch die neuesten Modelle erlauben nur eine Belichtungszeit von einigen Sekunden – zu wenig, um die Bewegung am Himmel zu erfassen. Aber man kann diese Geräte zum Fotografieren von Sternbildern benutzen. Der Apparat wird auf dem Stativ befestigt, ausgerichtet, das Objektiv auf Weitwinkel und die Schärfe manuell auf unendlich eingestellt und eine hohe Empfindlichkeit gewählt. Bei vollem Handbetrieb wählt man die niedrigste Blende und eine Belichtungszeit von wenigstens 10 Sekunden. Ähnlich verfährt man beim Fotografieren mit einem klassischen Fotoapparat.

FOTOGRAFIE DES NACHTHIMMELS

FOTOGRAFIEREN MIT FERNROHR

Die klassische Kamera kann auf der Montierung des Fernrohrs befestigt und bei langen Belichtungszeiten betätigt werden. Mit Einschränkungen können klassische und digitale Kameras anstelle des Okulars (Kamera ohne Objektiv) oder hinter dem Okular (Apparat mit Objektiv) befestigt werden. So fotografiert man auch Details der Planeten oder des Mondes. Die Sonne wird niemals ohne Spezialfilter fotografiert! Ein verbrannter Verschluss im Objektiv ist äußerst unangenehm – und teuer. Zum Fotografieren der Sonne wendet man die Projektionsmethode an (siehe S. 83).

Beim Fotografieren mit einem klassischen Film können Probleme bei der Bearbeitung der Astrofotos auftreten. Der Entwicklungsautomat kann bei mehreren Aufnahmen des dunklen Sternenhimmels hintereinander nur schwer unterscheiden, wo das belichtete Feld endet. Deshalb ist es besser, jeweils zwischen zwei Astrofotos ein helleres Motiv am Boden aufzunehmen. Dadurch lässt sich das Risiko ausschalten, dass das Feld mit dem Sternenfoto zerschnitten wird. Auch digitale Aufnahmen haben ihre Unzulänglichkeiten. Bei hoher Empfindlichkeit ist im Sommer ein mehrere Sekunden lang belichtetes Bild stark verrauscht, weil die Wärme den Sensor beeinträchtigt. Man kann diesen Effekt abmildern, indem man nach der Belichtung des Astrofotos ein dunkles Bild mit aufgesetzter Objektivabdeckung auslöst und dieses in einem Grafikprogramm mit dem Hauptbild multipliziert.

WO FINDE ICH WEITERE INFORMATIONEN?

INTERNET

Einen sehr guten Einstieg bietet das Internetportal **http://www.astronomie.de** Dort findet man eine Vielzahl verschiedener Angebote, darunter eine Einführung in das Sonnensystem, die Konstellationen des aktuellen Nachthimmels, Informationen über neue astronomische Entdeckungen, eine Galerie interessanter Fotos aus dem Weltraum, einen Einsteigerkurs, Buch- und Zeitschriftenempfehlungen, Kontaktadressen zu Astronomieclubs und vieles mehr. Dazu eine umfangreiche Linksammlung zu weiteren Astronomie-Seiten im Netz. Ein weiteres umfangreiches Portal mit einem ähnlichen Angebot und dazu einem Archiv zu den monatlichen Konstellationen seit 1998 ist **http://news.astronomie.info**

Eine spezielle Astronomie-Suchmaschine verrichtet ihren Dienst unter der Adresse **http://skyfind.de**

Eine vollständige Linksammlung zu allen Planetarien in Deutschland, Österreich und der Schweiz findet man unter **http://www.planetarium-online.de**

Eine umfangreiche Bildergalerie mit faszinierenden Fotos aus unserem Sonnensystem und zahlreichen Informationen über die einzelnen Himmelskörper bietet **http://solarviews.com/germ/homepage.htm**

Ein Astronomie-Lexikon mit Erklärungen zu über 400 Fachbegriffen findet man unter **http://lexikon.astroinfo.org**

Über Neuigkeiten aus dem Weltraum berichten regelmäßig die Online-Zeitschriften Wega: **http://www.kepler.de** und Magellan: **http://www.beobachterforum.de** Magellan betreibt auch eine Mailingliste für Sternenfreunde.

Eine Einführung in die jahrtausendealte Geschichte der Astronomie ist unter **http://www.unet.univie.ac.at/~a9503672/astro/history.htm** nachzulesen. Zahlreiche Geschichten aus der Mythologie der Sternbilder findet man unter **http://www.neues-von-den-sternen.de** Einen Ausblick auf die Himmelsbeobachtung der Zukunft riskiert die Max-Planck-Gesellschaft unter **http://2000plus.mpg.de/d/111/article**

Wichtig für die Himmelsbeobachtung ist stets auch das Wetter, das man z.B. unter **http://www.donnerwetter.de** in Erfahrung bringen kann.

Von den zahlreichen englischsprachigen Seiten sollen drei erwähnt werden: Aufnahmen der NASA-Agentur sind unter **http://www.nasa.gov** zu besichtigen. Dort findet man auch einen speziellen Bereich für Schüler. Ein beliebtes astronomisches PC-Programm gibt es (kostenpflichtig) auf **http://www.skymap.com** und die astronomische Zeitschrift Sky&Telescope finden wir unter der Adresse **http://www.skyandtelescope.com**

BÜCHER

Werner E. Celnik, Hermann-Michael Hahn: **Astronomie für Einsteiger**. Schritt für Schritt zur erfolgreichen Himmelsbeobachtung. 160 Seiten, Franckh-Kosmos Verlag, Stuttgart 2002

Peter Bond: **Unser Sonnensystem**. Eine fotografische Reise durch den Weltraum. 64 Seiten, Dorling Kindersley Verlag, Starnberg 2000

WO FINDE ICH WEITERE INFORMATIONEN?

Joachim Herrmann: **Welcher Stern ist das?** Sterne und Planeten entdecken und beobachten. 192 Seiten, Franckh-Kosmos Verlag, Stuttgart 2002

Gianluca Ranzini: **Atlas des Universums**. Sonnensysteme, Galaxien, Sternbilder. 216 Seiten, Delius Klasing Verlag, Bielefeld 2001

Walter Kraul: **Erscheinungen am Sternenhimmel**. Himmelsbeobachtungen leicht gemacht. 134 Seiten, Verlag Freies Geistesleben, Stuttgart 2002

Helmut Hornung: **Astronomische Streiflichter**. Sternbilder, Gestirne und ihre Geschichten. 144 Seiten, dtv, München 2000

Thomas Bührke: **Sternstunden der Astronomie**. Von Kopernikus bis Oppenheimer. 218 Seiten, C.H.Beck Verlag, München 2001

Oliver Montenbruck (Hg.): **Ahnerts Astronomisches Jahrbuch**. Den Himmel beobachten und verstehen. Spektrum der Wissenschaft, Heidelberg (erscheint jährlich)

Erich Karkoschka: **Atlas für Himmelsbeobachter**. Der Sternatlas zum Himmelsjahr. 127 Seiten, Franckh-Kosmos Verlag, Stuttgart 1997

Hahn, Hermann M / Weiland, Gerhard: **Das Kosmos Sternhimmel-Set**. Sternkarte für Einsteiger + Sternführer + Astroposter. Franckh-Kosmos Verlag, Stuttgart 2000

Drehbare Sternkarten gibt es darüber hinaus in jeder Sternwarte.

ZEITSCHRIFTEN

In **interstellarum** können sich Amateurastronomen alle zwei Monate neu über alle Themen rund um ihr Hobby informieren. Infos: **http://www.interstellarum.de**

Sternzeit ist eine Zeitschrift astronomischer Vereinigungen, die auch für Einsteiger verständlich in vierteljährlichem Rhythmus aktuelle Informationen – Zahlen, Daten, Fakten und Beobachtungshinweise – liefert. Infos: **http://www.sternzeit-online.de**

Seit Februar 2003 erscheint **Astronomie heute** für Amateur-Astronomen, Infos: **http://www.wissenschaft-online.de/page/p_ah_home**

STERNWARTEN

Die Fernrohre der Sternwarten ermöglichen eine direkte Beobachtung des Nacht- und Abendhimmels, während in den Planetarien mit der Projektion künstlicher Sterne an eine große Kuppel das Verständnis der Gesetzmäßigkeiten erleichtert wird, nach denen sich die Bewegungen des Himmels und der Himmelskörper vollziehen. In den Sternwarten kann man nicht nur die Geräte benutzen, sondern man trifft dort auch Menschen mit demselben Hobby. Adressen findet man im Telefonbuch oder unter **http:// www.pro-tourismus. de/reiseziele/sternwarten.htm**

REGISTER

Abplattung 67
Achterschiff 49, 55
Adler 34, 42, 44, 45, 46, 51, 53
Adlernebel 34, 39
Alamak 25, 35, 38, 46, 47, 48, 50, 53, 54
Albireo 20, 25, 34, 38, 45, 47, 51, 53
Aldebaran 23, 36
Alderhorst 39
Algieba 25, 33, 38, 43, 48, 55, 57
Algol 46, 48, 54, 55, 56
Algredi 38
Alkalurops 38
Alkor 25, 33, 37, 38, 42, 43, 44, 46, 48, 50, 52, 54, 56, 57
Alphard 43, 55, 57
Alphirk 38
Altair 34, 45
Ammoniak 65
Andromeda 30, 35, 38, 41, 44, 46, 47, 48, 50, 52, 53, 54, 55
Antares 23, 34, 43, 45
Archird 38
Arktur 23, 33, 42, 43, 43, 51, 57
Asteroiden 58, 76
Astro-Fotografie 89, 90, 91
Astronomie-Lexikon 92
Astronomische Jahrbücher 58, 17
Atmosphäre 61, 63, 64, 67, 68, 74, 77, 79, 87
Atmosphärischer Wirbel 66
Auflösung 12
Azimutale Montierung 16, 12
Bärenhüter (Bootes) 34, 38, 42, 43, 44, 45, 48, 50, 51, 52, 56, 57
Becher 33
Belichtungszeit 90, 89
Beteigeuze 36
Bewölkung 58
Bildergalerie 92
Blauer Planet 69
Blende 90
Bodegalaxie 41
Bogenminuten 25
Brennweite 12, 13, 16
Bücher 92
Cassegrain-Teleskop 13
Castor 36, 48, 54, 55, 56, 57
Charon 74
Cor Caroli 25, 33, 37, 38, 42, 44, 48, 50, 54, 56, 57
Deklination 38, 39, 40, 41
Delfin 34, 45, 46, 47, 51, 53
Deneb 23, 34, 44, 45, 46, 48, 50, 51, 52, 53, 54, 56
Denebola 54, 57
Digitalfotografie 89
Digitalkamera 89, 90, 91
Doppelsterne 10, 25, 33, 34, 35, 36, 37
Doppelter offener Sternhaufen 39
Drache 34, 37, 42, 43, 44, 46, 48, 50, 51, 52, 54, 56
Drahtauslöser 89, 90
Drehbare Himmelskarte 17, 19, 58
Dreieck 30, 35, 41, 44, 46, 47, 48, 52, 53, 54, 55
Dreifachsterne 25
Einhorn 28, 36, 40, 49, 51

Eis 64, 66, 75
Ekliptik 42, 43, 44, 45, 48, 49, 51, 52, 53, 55, 56, 57
Erakis 52
Erdatmosphäre 77
Erde 60, 63, 80, 85, 87
Erdjahr 58
Erdoberfläche 86
Erdrotation 21, 32
Erdschatten 85, 86
Eridanus 36, 47, 53
Eulennebel 33, 37, 41, 42, 44, 48, 50, 52, 54, 57
Europa 66
Fallende Sterne 77
Farbe der Sterne 22, 26
Feldstecher 11
Fernglas 11, 19
Fernrohr 9, 11, 12, 13, 14, 16, 89, 91
Film 89
Finsternisse 58, 85, 86
Fische 35, 47, 48, 51, 53, 55
Fixsterne 21
Fliegende Untertasse 88
Fotografie 89
Füchslein 29, 34, 41, 45, 51, 53
Fuhrmann (Auriga) 36, 39, 42, 44, 46, 46, 47, 47, 48, 50, 52, 54, 55, 56
Galaxie 18, 20, 30, 31, 33, 34, 35, 36, 37, 41, 79
Galileo Galilei 13
Ganymed 66
Gashülle 29
Gasplaneten 60, 63, 65, 66, 69
Geminiden 77
Gemma 43, 44, 51, 56, 57
Geschichte der Astronomie 92
Giraffe 37
Granatstern 52
Granulation 84
Gredi 25, 34, 38, 45, 51, 53
Große Galaxie 30, 41, 46, 52
Großer Roter Fleck 66
Großer Bär 30, 33, 37, 38, 41, 42, 43, 44, 46, 48, 49, 50, 51, 52, 54, 55, 56, 57
Großer Hund 36, 49, 55
Großer Nebel 28, 40, 41, 55
Großer Sternhaufen 40
Großer Wagen 42, 54
Haar der Berenike 30, 33, 41, 42, 43, 48, 50, 54, 57
Halo 58, 87
Hantel 29, 34, 41, 51, 53
Hase 36, 38, 47, 55
Helium 65, 69, 82
Helix 29, 35, 41, 45, 47
Helligkeit 22, 38, 39, 40, 41, 46, 83
Herkules 27, 34, 40, 42, 43, 44, 45, 46, 48, 50, 51, 52, 56, 57
Himmelsatlas 17
Himmelsgrad 10
Himmelsminute 10
Himmelssekunde 10
Hubble-Teleskop 9, 88
Hyaden 26, 36, 38, 47, 49, 52, 53, 55
Infrarotstrahlung 83
Internetportal 92

Io 66
ISS 88
Izar 25, 33, 38, 43, 44 , 50, 51, 57
Jagdhunde 27, 30, 33, 37, 38, 40, 41, 42, 43, 44, 48, 50, 54, 56, 57
Jungfrau 30, 33, 38, 41, 43, 48, 49, 51, 57
Jupiter 42, 65, 66, 70, 71, 72, 73, 76, 77
Jupiterring 66
Kalifornien 36, 40, 44, 46, 47, 48, 52, 54, 56
Kapella 36, 46, 47, 48, 50, 55, 56
Kassiopeia 21, 37, 38, 42, 44, 46, 47, 48, 50, 52, 53, 54, 56
Katzenauge 37, 40, 42, 44, 48, 50, 52, 54, 56
Kepheus 34, 37, 38, 42, 44, 45, 46, 48, 50, 52, 53, 54, 56
Kepler-Teleskop 13
Kleiner Bär 24, 37, 42, 44, 46, 48, 50, 52, 52, 54, 56
Kleiner Hund 36, 42, 46, 49, 55, 57
Kleiner Löwe 33
Kleiner Wagen 24, 50, 52
Kleinplaneten 58, 63, 75, 76, 82
Kleinplanetenzone 77
Kohlendioxid 64
Kollisionen 79
Kometen 18, 20, 58, 75, 77, 82
Kommunikationssatelliten 88
Kompaktkamera 89
Korona 58
Krabbennebel 28, 36, 40, 49, 52
Krater 81, 77
Krebs 26, 33, 36, 39, 43, 46, 49, 54, 55, 56, 57
Krippe 26, 36, 39, 43, 46, 49, 55, 57
Kugelsternhaufen 27, 33, 34, 35, 36, 37, 39
Lagune 28, 34, 40, 45, 51
Leier (Lyra) 42, 29, 34, 38, 41, 42, 44, 45, 46, 50, 51, 52, 53, 56, 56
Leoniden 77
Leuchtende Säulen 87 87
Lichtjahre 9, 38, 39, 40, 41
Linsenfernrohr 12, 83
Löwe 33, 38, 42, 43, 49, 50, 54, 55, 57
Luchs 33, 43, 48, 49, 50, 54, 55, 56, 57
Magma 81
Magnitude 22, 24, 38, 39, 40, 41, 53
Mars 60, 64, 70, 71, 72, 73, 76, 77
Marsmonde 64
Medusa 47
Mehrfachsterne 25
Merkur 60, 61, 62, 70, 71, 72, 73
Messier, Charles 20
Meteore 10, 20, 58, 77, 88
Meteoriten 61, 77, 79, 81
Meteoritenschwärme 58
Meteorologische Phänomene 87
Methan 65, 67, 68, 69, 74
Mikroskop 34, 31, 43, 44, 45, 50, 53, 54, 56
Mira 47, 53, 55
Mizar 20, 25, 33, 37, 38, 42, 43, 44, 46, 48, 50, 52, 54, 56, 57
Mond 10, 58, 61, 63, 64, 74, 76, 79, 87, 91
Mondbeobachtung 81
Monde 60, 65, 66, 67, 69, 82, 85
Mondfinsternis 85, 86
Mondkrater 86
Mondmeere 81, 86
Mondoberfläche 79
Mondphasen 80

Mondschatten 85
Muttersterne 78
Mythologie der Sternbilder 92
Nebel 10, 18, 26, 28, 30, 33, 34, 35, 36, 37, 40, 79
Neon 69
Neptun 65, 69
Neumond 80, 85
Nordamerika 34, 40, 42, 44, 45, 46, 48, 50, 51, 52, 53
Nördliche Krone 34, 43, 44, 45, 51, 56, 57
Nordpol 37
Nova 58
Offene Sternhaufen 26, 33, 34, 35, 36, 37, 38
Okular 12, 16, 83, 89, 91
Omega 28, 34, 40, 45, 51
Online-Zeitschriften 92
Orion 28, 36, 38, 40, 47, 49, 53, 55, 56
Parallaktische Montierung 12, 16
Pegasus 27, 35, 40, 44, 45, 47, 48, 50, 51, 53, 54
Perseiden 77
Perseus 35, 36, 37, 39, 40, 42, 44, 46, 47, 48, 49, 50, 52, 53, 54, 55, 56
Pfeil 34, 46, 51, 53
Phasenwechsel 80
Planetarien 92
Planetarische Nebel 28, 29, 33, 34, 35, 36, 37, 40, 41
Planeten 20, 58, 78, 82, 85, 91, 65, 67, 68, 69
Plejaden 26, 36, 38, 47, 48, 52, 53, 55
Pluto 74, 63
Polarlicht 10, 58, 87
Polarstern 24, 37, 42, 46, 48, 50, 52, 56
Polkappen 64
Pollux 36, 55, 56, 57
Porrima 25, 33, 38, 43, 51, 57
Projektion 83
Projektionsschirm 83, 84
Prokyon 23, 36, 49, 55, 57
Pulcherrima 25, 33, 38, 43, 44, 50, 51, 57
Quadrantiden 77
Rabe 33, 43, 57
Radiostrahlung 83
Radiowellen 83
Raumstationen 58
Reflektor 13, 12
Regen 62
Regenbogen 58, 87
Regulus 33, 43, 49, 55, 57
Rektaszension 38, 39, 40, 41
Riesen 22
Riesensterne 28
Rigel 23, 36, 47, 49, 55
Ringnebel 29, 34, 41, 50, 51, 52, 53, 56
Ringsystem 67
Rosette 28, 36, 40, 49, 51
Röntgenstrahlung 83
Rotationsgeschwindigkeit 67
Satelliten 58, 60, 68, 88
Saturn 35, 41, 45, 47, 65, 67, 70, 71, 72, 73
Schild 34, 45, 51
Schlange 27, 39, 42, 45, 51, 56, 57
Schlangenträger 27, 34, 39, 43, 45, 51, 56, 57
Schütze 27, 28, 34, 40, 45, 51
Schwan 34, 38, 39, 40, 42, 44, 45, 46, 47, 48, 50, 51, 52, 53, 54, 56

Schwarzes Auge 41
Schwefelsäure 62
Schweif des Kometen 75
Seepferdchen 47
Sensor 89
Sextant 33
Sirius 20, 23, 36, 49, 55
Sirrah 53
Skorpion 27, 34, 40, 43, 45, 51
Sombrero 41
Sommerdreieck 46
Sommerzeit 32
Sonne 10, 22, 65, 80, 82, 85, 87, 91
Sonnenbeobachtung 83
Sonnendurchmesser 82
Sonnenentfernung 60, 65
Sonnenfinsternis 85, 86
Sonnenflecken 83, 84, 86
Sonnenmasse 82
Sonnenoberfläche 83
Sonnenrotation 84
Sonnensystem 74, 75, 82
Spezialfilter 83, 84, 91
Spezialfolien 83
Spica 33, 41, 43, 57
Spiegel-Linsen-Fernrohr 83
Spiegelreflexkamera 89
Spiegelteleskop 12, 13, 83
Spirale 30
Stativ 12, 89, 90
Steinbock 34, 35, 38, 45, 47, 51
Sternkarte 17, 15, 21, 32, 38, 93
Sternbild 39, 40, 41, 77, 90
Sterne 22
Sternfriedhof 40
Sternhaufen 10, 20, 30
Sternschnuppen 77
Sternspuren 90
Sternwarte 14, 93
Stickstoff 67, 69, 74
Stier 56, 28, 36, 38, 40, 46, 47, 49, 52, 53, 55
Suchmaschine 92
Südlicher Fisch 35, 47, 53
Supernova 20, 28, 58
Tabellen der Planeten-Sichtbarkeit 70 - 73
Tabellen der Sternobjekte 38 - 41

Tag- und Nachtgrenze 80
Taube 55
Teleobjektiv 89
Teleskop 9, 12
Terminator 80
Terrestrische Planeten 65, 60, 74, 63
Titan 67
Trabanten 66
Trapez 36, 38
Trifid 28, 34, 40, 45, 51
Triton 69
Überriesen 22
Ufos 88
Ultraviolettstrahlung 83
Umlaufbahn 79
Uranus 65, 68
Venus 60, 62, 70, 71, 72, 73, 88
Veränderliche 10, 20, 53, 58
Virgo A 41
Vollmond 80, 81, 85
Vulkane 64, 66
Waage 34, 43, 45, 51, 57
Wal 35, 47, 49, 53, 55
Wasser 63, 64
Wassermann 29, 35, 41, 45, 47, 51, 53
Wasserschlange (Hydra) 33, 43, 55, 57
Wasserstoff 65, 69, 82
Wega 20, 23, 34, 42, 44, 45, 46, 51
Wetter 92
Widder 35, 44, 47, 49, 52, 53, 55
Wildente 39
Winkeleinheiten 10
Wintersternbilder 55
Wirbel 33, 41
Wolf 34
Wolken 87, 88
Zeitschriften 93
Zeittabelle der Sternkarten 32
Zenit 42, 43, 44, 45, 46, 47, 48, 50, 51, 52, 53, 54, 55, 56, 57
Zentaur 43
Zentralstern 29, 82
Zigarrengalaxie 41
Zwerge 22
Zwillinge 36, 38, 42, 46, 47, 49, 52, 54, 55, 56, 57

Deutsche Erstausgabe August 2003
Gesetzt nach den Regeln der
Rechtschreibreform
© 2003 für die deutschsprachige Ausgabe
C. Bertelsmann Jugendbuch Verlag, München
in der Verlagsgruppe Bertelsmann GmbH
Die tschechische Originalausgabe erschien
2003 unter dem Titel »Toulky noční oblohou«.
© 2003 Brio, Prag
Originaltext: Jaroslav Soumar
Übersetzung:
Textpraxis, Hamburg, Dr. Ursula Macht

Lektorat:
Textpraxis, Hamburg, Marion Schweizer
Projektbetreuung:
Atelier Langenfass, Ismaning
wi · Herstellung: Peter Papenbrok
ISBN 3-570-21279-3
Printed in the Czech Republic

10 9 8 7 6 5 4 3 2 1